Über die Autoren:

Giora Feidman wurde 1936 als Sohn eines jüdischen Einwanderers in Buenos Aires geboren. Mit achtzehn bekam er sein erstes Engagement als Klarinettist am Teatro Colon, der renommiertesten Opernbühne Südamerikas. 1957 übersiedelte Feidman nach Israel, wo er für achtzehn Jahre Mitglied des Israel Philharmonic Orchestra war und als Solist unter anderem unter Leonard Bernstein, Raffael Kubelik und Zubin Mehta spielte. Zu Beginn der siebziger Jahre gab er seine ersten Klezmer-Konzerte. 1985 wurde er in Deutschland einem breiten Publikum bekannt, als er unter Peter Zadek an der Seite von Esther Ofarim in dem Stück »Ghetto« einen Juden spielte. 2005 trat Feidman vor 800000 Menschen auf, die sich anlässlich des Weltjugendtages auf dem Kölner Marienfeld versammelt hatten. Giora Feidman ist seit 1975 mit der Komponistin Ora Bat-Chaim verheiratet, die seit vielen Jahren auch seine Managerin ist.

Minka Wolters studierte Vergleichende Literaturwissenschaften, Amerikanistik und Arbeitsrecht in Bonn. Sie schrieb parallel für verschiedene Tageszeitungen und engagierte sich in einem Kibbuz in Israel. Nach einem Studienjahr in Rom und Florenz war sie Stipendiatin der Reportageschule *Zeitenspiegel*. Die Journalistin und Autorin lebt mit ihrem Mann und drei Kindern in Berlin.

Giora Feidman

mit Minka Wolters

Du gehst, du sprichst, du singst, du tanzt

Erinnerungen

DROEMER ✦

Besuchen Sie uns im Internet:
www.droemer.de

Vollständige Taschenbuchausgabe
Droemer Taschenbuch
© 2011 Pattloch Verlag, München
© 2015 Droemer Verlag
Ein Imprint der Verlagsgruppe
Droemer Knaur GmbH & Co. KG, München
Alle Rechte vorbehalten. Das Werk darf – auch teilweise –
nur mit Genehmigung des Verlags wiedergegeben werden.
Covergestaltung: ZERO Werbeagentur, München
Coverabbildung: Felix Broede
Satz: Adobe InDesign im Verlag
Druck und Bindung: CPI books GmbH, Leck
ISBN 978-3-426-30091-6

2 4 5 3 1

Inhalt

Auftakt
11

Wurzeln
17

Aus der Stille – in die Stille
45

Ein Pferdchen und viel Musik
69

Im Gelobten Land
107

Die Sprache der Seele
137

Ein Klezmer in Amerika
149

Neue Wege
175

Botschafter der Grenzenlosigkeit
207

Auf der Suche nach dem Ewigen
225

Im Studio und auf Tournee
239

Was bleibt
253

Ausklang
273

Danke
277

Anhang
Diskographie   283
Verzeichnis der Textquellen   285
Verzeichnis der Bildquellen   286

Ich erlebe Musik als geistige Nahrung.
Ohne diese Nahrung kann ich nicht,
können wir alle nicht leben.

Giora Feidman

Auftakt

Scha! Still! Macht nischt kejn gerider!
Der Rebbe gejt shojn tanzn wieder.
Scha! Still! Macht nischt kejn Gewalt!
Der Rebbe gejt shojn tanzn bald.

Stille umfängt mich.
Kein Laut, kein Ton, keine Bewegung.
Ich sitze auf einer Kiste.
Bewegunglos.
Höre in die Stille hinein.
Um mich herum noch mehr Kisten, Koffer, Gepäck.
Der Fundus der Geschichte, meiner Geschichte.
Tränen rollen über mein Gesicht.
Langsam weicht die Trauer einem Lachen.
Ich führe meine Klarinette zum Mund.
Beginne zu spielen.
Leise zunächst, fast unhörbar.
Ein Glissando, das sich in einem sirenenhaften Fortissimo entlädt, erweckt meine Mitspieler zum Leben.

Plötzlich fällt Licht auf die Bühne, Musiker und Schauspieler drängen aus der Kulisse hervor.

Aus den Kisten und Koffern bauen sie ein *Shtetl*.

Und dann beginnt sie – die meschuggene Hochzeit in Kishinov, im Jahr 1903.

Zusammen mit den Musikern begleite ich die Vorbereitungen.

Der alte, reiche Bräutigam schickt den Heiratsvermittler zu den Eltern der Braut, dort wird der Vertrag aufgesetzt und die Braut für das große Fest herausgeputzt – doch die will den Fettwanst nicht.

Immer schneller wird die Musik. Das *Shtetl* jubelt, und Braut und Bräutigam werden unter dem Baldachin zusammengeführt. »Mazel Tov – viel Glück!«, rufen die Men-

schen dem Brautpaar zu und geleiten es zur Hochzeits=
tafel.

Während der Rabbi und der Bräutigam ihre traditionellen Reden halten, hadert der leider viel zu arme Geliebte
der Braut mit Gott wegen der Ungerechtigkeit der Welt.

Wir Musiker kündigen mit einer *Valse macabre* Unheil
an. Unbemerkt hat sich ein verführerisch schönes Mädchen
unter die Hochzeitsgesellschaft gemischt. Als sie den Bräutigam zum Tanz auffordert, sehe ich die Totenmaske auf
ihrem Hinterkopf. Der Bräutigam bricht zusammen und
stirbt. Das Mädchen ist so schnell verschwunden, wie es
aufgetaucht war. Und die Braut ist frei und kann sich endlich ihrem Geliebten zuwenden und mit ihm den Bund fürs
Leben schließen. War das Zufall?

Schließlich tanzen alle um das junge Paar: der Rabbi mit
dem siebenarmigen Leuchter auf dem Kopf, die Großmutter mit dem Brot, die Unverheirateten, sich an Tüchern hal-
tend. Lebensfreude ist in die Gesichter geschrieben. Musik,
Singen, Tanzen – die ausgelassene Fröhlichkeit einer Hoch=
zeitsgesellschaft.

Bis ein Stein in den Saal fliegt und alle verstummen und
fliehen vor dem, was der in zwei Teile zerbrochene Stein
ankündigt: einen Pogrom.

Das *Shtetl,* wie es gerade noch gelebt hat, mit seinen Traditionen und seinen Emotionen, ist Vergangenheit.

Jeder nimmt seinen Koffer und macht sich auf seine Reise durchs Leben.

Ich bleibe allein mit dem zerbrochenen Stein zurück und
lege all meine Trauer in eine kleine Melodie von schlichter
Schönheit – *Gesegnet seien deine Söhne.*

Diese kleine Melodie trägt mich durch ein Stück, das Stephan Barbarino und Jan Linders erarbeitet und auf den Weg gebracht haben: *Nothing But Music*. Ich bin Musiker und Schauspieler in diesem Stück, das mich in acht Bildern mit meiner Klarinette durch das 20. Jahrhundert führt.

Es ist ein Spiegel meines Lebens, denn ich war und bin immer dort zu Hause, wo ich musiziere, wo ich mit den Menschen durch meine Musik sprechen kann – Musik ist die erste und höchste Form zwischenmenschlicher Kommunikation. Musik ist die einzige Sprache, die überall auf der Welt verstanden wird, unabhängig vom Alter, von der Religion und der kulturellen Prägung der Menschen.

Musik ist die Essenz meines Lebens.

Wurzeln

Es brennt das Haus!
Es brennt das Geld!
Es brennt das Kind!
Es brennt die Welt!

Wo beginnt das eigene Leben? Das Erlebte und Erinnerte genügt nicht, um ein Leben zu begreifen. Wir müssen tief in der Vergangenheit graben, das Wurzelgeflecht freilegen und das Gewusste mit dem Gefundenen verbinden.

Im Blick auf mein Leben geht es mir wie so vielen Menschen, die im 20. Jahrhundert geboren wurden. Heimat ist für sie weniger ein Ort als vielmehr die Zugehörigkeit zu Menschen. Denn die Geschichte des 20. Jahrhunderts ist eine Geschichte vom Unterwegssein. Krieg, Hunger, Verfolgung vertrieben die Menschen aus ihrer Heimat. Vertrautes blieb zurück, Wertvolles ging verloren, die Erinnerung verblasste mit jeder neuen Generation ein Stück mehr.

Nun, mit dem Versuch, mein Leben zu bilanzieren, müssen diese Erinnerungen mühsam angereichert werden. Dabei bleiben Lücken. Vieles lässt sich nicht mehr erinnern. Zumal in einer Familie, die zweimal eine neue Heimat fand. Doch beginnen wir von vorn.

Die Suche nach den Wurzeln meiner Familie führt in einen entlegenen Winkel Südosteuropas, nach Bessarabien, eine historische Landschaft zwischen den Flüssen Pruth und Dnjestr und dem Schwarzen Meer. Dort, in der Hauptstadt Kishinov, wurden meine Eltern geboren.

Das frühere Bessarabien deckt sich weitgehend mit dem heutigen Staat Moldawien, der im Westen an Rumänien und im Osten und Norden an die Ukraine grenzt. Während des Mittelalters gehörte diese Landschaft zum Fürstentum Moldau, das unter der Oberhoheit des Osmanischen Reiches stand. Nach dem russisch-türkischen Krieg 1812 wurde das Gebiet zwischen Pruth und Dnjestr dem Zarenreich zugeschlagen und Bessarabien genannt. Katharina die Große hatte bereits 1791 die russischen Juden gezwungen, in die westlichen Provinzen ihres Reiches überzusiedeln. Ihre Politik wurde von den späteren Zaren im Wesentlichen fortgesetzt, wodurch Bessarabien nach der russischen Übernahme von 1812 einen hohen Anteil an jüdischer Bevölkerung erhielt.

Aus Deutschland und Polen zog ebenfalls jüdische Bevölkerung zu; die meisten der Zugezogenen sprachen jiddisch. In den größeren Orten betrug der Anteil der jüdischen Bevölkerung nahezu vierzig Prozent.

Nach der Ermordung des reformorientierten Zaren Alexander II. im Jahre 1881 kam es im südlichen Russland zu Ausschreitungen, deren Urheber die Juden für das Attentat auf den Zaren verantwortlich machten. Um die Ruhe wiederherzustellen, verkündete der Nachfolger, Zar Alexander III., die sogenannten Maigesetze. Fortan war es Juden verboten, sich außerhalb von Städten und Kleinstädten niederzulassen, Verträge zu schließen und an den Sonntagen und allen anderen christlichen Feiertagen Handel zu treiben. Die Maigesetze wurden erst mit der Februarrevolution 1917 aufgehoben. Sie hatten zur Folge, dass jüdisches Leben nur noch im *Shtetl* möglich war.

Das *Shtetl* ist eine jüdische Siedlungsform in Osteuropa, die bis ins 12. Jahrhundert zurückverfolgt werden kann. *Shtetl* kommt aus dem Jiddischen und ist die Verkleinerungsform von *Shtot*, zu Deutsch Stadt. Ein *Shtetl* hatte zwischen tausend und zwanzigtausend Einwohner, manchmal auch mehr. Kleinere Siedlungen wurden als *Klaynshtetl* oder *Shtetele* bezeichnet.

Im *Shtetl* waren *Jiddishkeyt* und *Menshlikhkeyt* gleichermaßen beheimatet und prägten das gesamte öffentliche und private Leben. Lehren und lernen, beten und arbeiten, Rechtsprechung und Fürsorge erlaubten ein gutes Leben zwischen Synagoge, Markt und Familie.

In der Synagoge diente man dem Ewigen, man studierte seine Gesetze, ließ sie vom Rabbi auslegen und übernahm Verantwortung für die Gemeinschaft. Diese Gemeinschaft war indes keine Gemeinschaft von Gleichen, wie die Sitzordnung der Synagoge auswies. Dem Thoraschrein an der Ostwand am nächsten saßen die *sheyne Jidn* – die Honoratioren des *Shtetl*. Dann folgten die Bürger, dahinter versammelten sich die *proste Jidn*, die armen und ungebildeten Männer, ganz hinten fanden die Bettler Platz. Frauen waren von öffentlichen Versammlungen wie in der Synagoge ausgeschlossen – sie beteten zu Hause, nicht hebräisch, sondern jiddisch.

Der Schriftsteller Manès Sperber, selbst in einem *Shtetl* in Galizien geboren, hat diesen ganz eigenen Kosmos in einem seiner Bücher beschrieben:

Ein Städtel war nicht … ein diskriminierter Fremdkörper innerhalb einer höheren Zivilisation, sondern im Gegenteil eine scharf profilierte, in ihren Grundlagen gefestigte autonome Gemeinschaft mit einer eigenartigen Kultur – dies inmitten von Armut und Hässlichkeit, und eingekreist von Feinden des jüdischen Glaubens. Das Städtel war ein Zentrum, von dem aus gesehen die slawischen Dörfer periphere Agglomerationen waren, deren Einwohner, zumeist Analphabeten, zum Geistigen kaum eine Beziehung hatten. In all seiner Misere war das jüdische Städtchen eine kleine Civitas Dei – geistig und geistlich erstaunlich, in mancher Hinsicht um Jahrhunderte zurückgeblieben, nicht selten abstoßend, aber dennoch bewundernswert ... Die Juden des Ghettos von Venedig, von Rom oder Worms blieben eine in ihrer eigenen Vaterstadt diskriminierte, exilierte Minderheit, während die Einwohner des Städtels ... bei sich zu Hause waren; ihre nichtjüdischen Nachbarn, etwa die polnischen Adeligen, mochten mächtig und reich sein und auf sie herabsehen: Die Juden waren jedoch von ihrer eigenen Überlegenheit überzeugt. Im Städtel gab es nicht eine Spur eines Minderwertigkeitsgefühls wegen der Zugehörigkeit zum Judentum und daher nicht die geringste Neigung, das eigene Wesen zu verhüllen oder wie die anderen zu werden.

Die Maigesetze Zar Alexanders III. vermochten es nicht, den Antisemitismus zu besänftigen. Immer wieder kam es zu Pogromen gegen die jüdische Bevölkerung auch in Kishinov. Die Stadt zählte an der Wende zum 20. Jahrhundert rund hundertzehntausend Einwohner. Die meisten davon waren Juden – rund fünfundvierzig Prozent, während nur siebenundzwanzig Prozent der Bevölkerung russischer und siebzehn Prozent rumänischer Herkunft waren. Kishinov war ein Zentrum jüdischen Lebens – es war kein *Shtetl* mehr, sondern es war eine *Shtot*, wie Czernowitz, die Heimat des Dichters Paul Celan, oder Witebsk, der Geburtsort Marc Chagalls.

Trotz der städtebaulichen Modernisierung im 19. Jahrhundert – es waren Parks, breite Boulevards und großzügige Plätze angelegt worden; repräsentative öffentliche Gebäude prägten das Bild der Innenstadt – war Kishinov nach wie vor ein Sammelbecken der Unzufriedenen. Kein Wunder, hatte es doch lange Jahre als Verbannungsort für Kritiker der zaristischen Politik gegolten. Unter ihnen war in den Zwanzigerjahren des 19. Jahrhunderts ein junger Dichter gewesen, der die russische Literatur revolutionieren sollte: Alexander Puschkin. Er schrieb über die Stadt, in der er ab 1820 für drei Jahre in der Verbannung lebte: »Verfluchte Stadt Kishinov. Meine Zunge wird nicht müde, dich zu beschimpfen!«

Kishinov blieb ein Pulverfass – auch nach den ersten Pogromen, die das Russische Reich zwischen 1881 und 1884 erlebt hatte.

Zu Pessach im Jahr 1903 – es war der 6. April – ging dieses Pulverfass in die Luft. Die Lunte hatte der Herausgeber der Zeitung *Bessarabez*, Pawolatschi Kruschewan, mit seinen Hetzartikeln gegen die jüdische Bevölkerung gelegt. Der Pogrom, der sich an jenem und dem folgenden Tag entlud, trug alle Merkmale einer vorbereiteten und geplanten Aktion. Knapp fünfzig jüdische Mitbürger wurden ermordet, rund vierhundert verletzt. Mehrere hundert jüdische Häuser und Geschäfte wurden verwüstet und geplündert.

Nach diesen Exzessen geriet die Stadt ins Blickfeld der Öffentlichkeit. Die internationale Presse dokumentierte die Vorfälle mit Empörung. Selbst innerhalb des Zarenreichs wurden kritische Stimmen laut. Die Reaktion auf eine Dokumentation dieses Vorfalls in der Weltpresse war heftig. So wurde dem Zaren im Juli 1905 eine amerikanische Petition übergeben, die allerdings keine Wirkung auf seine Politik hatte. Unter dem Eindruck des Ereignisses schrieb Chaim Nachman Bialik mehrere Gedichte, darunter das 1904 entstandene berühmte *Be-Ir ha-Haregah* (»In der Stadt des Gemetzels«). Bialik gilt heute als israelischer Nationaldichter; ihm zu Ehren wurde in Tel Aviv ein Museum eingerichtet.

Kruschewan, der den Pogrom mit seinen Artikeln provoziert hatte, entging im Frühsommer 1905 knapp einem Attentat, wurde jedoch kurze Zeit später von Angehörigen des Jüdischen Kolonisierungsverbandes erschossen. Das war das Fanal zu weiteren Ausschreitungen: Im August 1905 schoss die Polizei wahllos in eine Gruppe von dreitausend demonstrierenden Landarbeitern, und im November desselben Jahres wurden unter anderem neunzehn Juden von der Polizei erschossen, die mit Waffengewalt gegen eine Demonstration jüdischer Studenten und sozialdemokratischer Arbeiter vorging.

Große Teile der jüdischen Bevölkerung Kishinovs sahen keine Perspektive mehr in dieser Stadt und in diesem Land, in dem ein Zar mit autokratischer Willkür herrschte. Mehr und mehr Familien entschlossen sich zur Emigration.

Meine Mutter verließ Kishinov mit ihren Eltern 1905 im Alter von zwei Jahren. Ich weiß nicht genau, ob und in welchem Ausmaß die dortigen Ereignisse dazu beigetragen haben, dass die Familie meiner Mutter Adela ihrer Heimatstadt den Rücken kehrte, um jenseits des Atlantiks in Argentinien ein neues Leben zu beginnen. Ob es Zufall war oder nicht, dass die Familie gerade dorthin auswanderte, kann ich ebenfalls nicht beurteilen. Jedenfalls war Argentinien zur damaligen Zeit ein bevorzugtes Einwanderungsland für osteuropäische Juden. Ein möglicher Grund mag das segensreiche Wirken des deutschstämmigen jüdischen Barons Maurice de Hirsch und seiner Frau Clara gewesen sein. Hirsch hatte mit türkischen Eisenbahnkonzessionen und erfolgreichen Unternehmungen in der Zucker- und Kupferindustrie ein Vermögen gemacht. Seine Frau Clara drängte ihn, das Geld zur Unterstützung der jüdischen Emigration aus Osteuropa einzusetzen. Zunächst förderte er den Bau jüdischer Schulen in Palästina, später gewährte er Unterstützung zur Ansiedlung von jüdischen Immigranten in den USA und in Kanada. 1891 schließlich gründete er die *Jewish Colonization Association* mit einem Kapital von sagenhaften sechsunddreißig Millionen Dollar. Ziel war es, die Massenauswanderung der jüdischen Bevölkerung Russlands nach Argentinien und Brasilien zu unterstützen, indem Ländereien erworben und darauf jüdische Immigranten angesiedelt wurden. Die Mehrzahl der Siedler zog indes bald in die großen Städte und bildete dort bürgerliche jüdische Gemeinden.

Meine Mutter war noch ein kleines Mädchen, als sie mit ihrer Familie und ihrem jüngeren Bruder Isaac in Buenos Aires ankam.

Ihr Vater arbeitete als Verkäufer, ihre Mutter kümmerte sich um den Haushalt und die Kinder, wie es damals üblich war. Ich habe keine Vorstellung, wie die Familie mit dem schmalen Lohn meines Großvaters ihr Auskommen fand, aber es ging irgendwie.

Meine Großeltern zogen acht Kinder groß: meine Mutter Adela, ihre Brüder Isaac und Benito sowie ihre Schwestern Clara, Dora, Betty, Sara und Eva. Weil sie eine große Familie waren, lebten sie in einem großen Haus in der Bilingurs 262 in Buenos Aires mit einer riesigen Küche, in der alle zehn Familienmitglieder Platz fanden.

Als meine Eltern sich kennenlernten und mein Vater der Familie seiner zukünftigen Frau vorgestellt wurde, him-

Meine Mutter in den Vierzigerjahren

melte Benito meinen Vater geradezu an, weil der ein Musiker war. So wie mein Vater wollte er auch werden! Und
tatsächlich: Mit der Unterstützung meines Vaters wurde er
ein sehr guter Saxophonist; wir spielten oft zusammen auf
Hochzeiten oder in Kaffeehaus-Ensembles. Benitos Tochter wiederum war immer meine Lieblingscousine, die ich
als kleiner Junge angehimmelt habe. Sie ist mit einem orien-
talischen Juden verheiratet, und bei ihnen zu Hause wird
immer orientalisch gekocht. So lernte ich schon als Kind
die Gerichte kennen, die ich seit nunmehr über fünfzig Jahren in Israel schätze.

Denke ich an die Familie meiner Mutter, so muss ich immer lachen. Denn dann fällt mir unweigerlich die Geschichte ein, wie ich mit meinem Onkel Benito einmal meinen
Geburtstag zelebriert habe. Zur Feier des Tages schleppte

er mich in ein Schuhgeschäft – das Geburtstagsgeschenk sollte offensichtlich ein neues Paar Schuhe sein. Vor Ort kommandierte er mich die ganze Zeit herum: »Die da sind schick, probier die mal an!«, und so weiter. Er entschied, welche mir zu gefallen hätten, und suchte letztendlich ein Paar aus, ohne mich nach meiner Meinung zu fragen. Das Besondere daran: Es war nicht mein siebter oder achter Geburtstag, ich wurde 51! Ich feierte diesen Geburtstag in Buenos Aires, weil ich zu jener Zeit gerade einmal wieder einige Konzerte in Argentinien spielte.

Die Geschichte mit dem Schuhkauf war indes keine Ausnahme. Bis zu seinem Tod behandelte mich Benito, nein, was sage ich: behandelte er alle meine Tanten und Onkel und ihre Angehörigen wie Kinder.

Die Familie wusste natürlich immer Bescheid, wenn ich auf Tournee in Südamerika war. Und wenn ich in Buenos Aires auftrat, musste ich jeden Tag zum Mittagessen bei ihnen erscheinen. Meine vorsichtigen Einwände, dass ich Proben hätte oder Verpflichtungen anderer Art, wurden regelmäßig entrüstet zurückgewiesen. Das spielte überhaupt keine Rolle! »Wenn Dito«, so wurde ich in meiner Familie genannt, »zu Besuch ist, wollen wir die Zeit auch mit ihm verbringen. Es geht doch nichts über die Familie!«, war die Maxime, der ich mich zu beugen hatte – um pünktlich um 13 Uhr zum Mittagessen zu erscheinen. Im Rückblick mag das unfreundlich klingen. Das wäre falsch, denn ich habe mich im Kreis dieser Menschen immer sehr wohl gefühlt.

Es gibt immer einen Menschen in der Familie, der alles zusammenzuhalten versucht und mit allen regelmäßig den Kontakt hält. In der Familie meiner Eltern war das, solange ich denken kann, Tante Adela. Sie war die Frau eines Bruders meiner Mutter. Es war unglaublich, sie konnte sich tatsächlich die Geburtstage aller Familienmitglieder merken – und immerhin hatte meine Mutter ja sieben Geschwister, die alle verheiratet waren und mehrere Kinder hatten. Adela ist nunmehr die Letzte aus dieser Generation, die noch lebt. Leider funktioniert ihr Gedächtnis nicht mehr so zuverlässig wie früher, aber sie fragt täglich nach uns »Kindern«. Wir telefonieren ab und zu, und in diesem Jahr werde ich sie wohl wieder einmal besuchen. Unsere Tochter Orit ist mittlerweile diejenige, die Tante Adelas Rolle übernommen hat und sich um einen intensiven Zusammenhalt der Familie kümmert. Sie ist sehr auf Harmonie bedacht und möchte, dass wir es alle immer richtig schön miteinander haben.

Im Gegensatz zu meiner Mutter war mein Vater Leo noch sehr geprägt von seiner osteuropäischen Heimat, die er erst 1924 im Alter von einundzwanzig Jahren verließ. Er sprach noch russisch und rumänisch – und natürlich jiddisch.

Warum mein Vater in Buenos Aires gelandet ist, hat einen sehr trivialen Grund. Als Jugendlicher wurde er von seinem Vater auf die Musikakademie in Bukarest geschickt, der Rest der Familie verblieb in ihrer Heimatstadt Kishinov. Wegen der schwierigen, ja lebensbedrohlichen Umstände und der ständigen Ausschreitungen gegen die Juden in Bessarabien beschlossen zwei Schulfreunde aus der Akademie und er eines Tages, die Heimat zu verlassen. Sie gingen zu einer Reederei und buchten die billigste Schiffspassage, die sie bekommen konnten – und die führte sie nach Buenos Aires. Mit einem kleinen Koffer und ihrem Instrument machten sie sich kurze Zeit später auf den Weg. Eine Trompete, eine Bratsche und eine Querflöte suchten ihr Glück in der Fremde. Die Querflöte war mein Vater, der jedoch bald begann, Klarinette zu spielen.

Nach der beschwerlichen Überfahrt endlich in Argentinien angekommen, wurden sie direkt im Hafengelände von einem Mann angesprochen, der durch die Musikkoffer auf sie aufmerksam geworden war. Was dann kam, überstieg selbst ihre kühnsten Erwartungen: Schon eine Woche später spielten die drei im argentinischen Marine-Orchester! Das ging eine Weile ganz gut, sie hatten ihr Auskommen, doch irgendwann wurde es den drei Jungs langweilig, und sie verließen das Ensemble, um in Bars aufzutreten, in denen alles andere als ein gut beleumundetes Publikum verkehrte. Diese gemeinsamen Erfahrungen schweißten das Trio zusammen, so dass die drei jungen Musiker so manches Problem in ihrer neuen Heimat umschifften. Den Zusammenhalt dieser drei Emigranten kann man sich heute gar nicht mehr vorstellen! Dabei waren sie keine Ausnahme. Die drei Freunde aus Europa waren ebenso wie die gesamte Musiker-Szene in Buenos Aires eine eingeschworene Gemeinschaft, wie es enger wohl gar nicht mehr geht. Besonders bemerkenswert fand ich es schon als Junge immer, wenn mein Vater mir erzählte, dass er für einen erkrankten Kollegen einspringen müsse. Er gab dem Kranken aber die komplette Gage für den Auftritt! Denn es wäre ja dessen Auftritt gewesen, und er hatte doch mit dem Geld gerechnet. Dieses Verhalten war ein ungeschriebenes Gesetz, das in jenen Tagen alle Musiker wie selbstverständlich achteten. Es erscheint heute unbegreiflich, und ich glaube nicht, dass es so etwas noch gibt. Die Freundschaft der drei Auswanderer hielt übrigens ihr ganzes Leben lang.

In der Familie meines Vaters hat die Musik eine lange Tradition. Ich bin bereits der vierte Berufsmusiker, den diese Familie hervorgebracht hat, und das in einer ununterbrochenen Linie, angefangen bei meinem Urgroßvater. Ich setze nur das fort, was mit ihm vor vielen, vielen Jahrzehnten in Kishinov begann. Er war über dreißig Jahre lang Posaunist in einem damals wohl sehr guten Orchester der russischen Armee, das regelmäßig für den Zaren aufspielte. Sein Sohn, mein Großvater, war sehr berühmt; er spielte in einem der beiden jüdischen Theater in Kishinov, und zwar in dem renommierteren – es besaß ein höheres Ansehen als das andere, weil man hier nach Noten spielte. Deshalb galten die Orchestermitglieder als die besseren Musiker im Gegensatz zu denen der Konkurrenzbühne, wo lediglich überlieferte Stücke und Lieder zum Besten gegeben wurden.

Musik, das ist meine prägende Erinnerung an meine Kindheit, war allgegenwärtig in unserer Familie. Musik wurde mir nie als Profession, als Broterwerb, vermittelt, sondern als selbstverständlicher Inhalt des Lebens.

Mein Vater war oftmals sehr irritiert: In meiner Spielweise erinnerte ich ihn außerordentlich stark an seinen Vater – ich muss damals wohl wirklich genauso gespielt haben wie mein Großvater, mit dem ich auch meinen eigentlichen Vornamen Gedalie teile. Wenn ich genauso spiele wie mein Großvater, kann ich ja nur zufrieden sein! Denn mein Vater sagte oft, und ich höre immer noch seine Stimme in mir: »Wenn man meinen Vater spielen hört, muss man sich sagen: Sieh dich besser nach einem anderen Job um, so gut kannst du nie werden!« Ähnliches sagten viele Leute übrigens auch über meinen verehrten Lehrer Juan Daniel Skoczdopole, wenn er auf seiner Bassklarinette zu spielen begann. Aber dazu später mehr.

Das einzige Bild, das ich von meinem Großvater Gedalie besitze, der Musiker im Orchester eines jüdischen Theaters in Kishinov war.

Zurück zu meinem Großvater väterlicherseits: Ich hieß ursprünglich nicht nur genauso wie er, von ihm muss ich auch mein Augenleiden geerbt haben; bei ihm war es nur längst nicht so ausgeprägt wie bei mir.

Mein Vater, der eigentlich Levi hieß und sich in der neuen Heimat Leo nannte, um seinem Vornamen einen südamerikanischen Klang zu verleihen, stammt auch aus einer sehr großen Familie und hatte zehn Geschwister. Vier von ihnen überlebten den Holocaust; eine Schwester konnte sich nach Russland retten, eine andere Schwester und einen Bruder holte mein Vater in den Dreißigerjahren nach Buenos Aires. Was mit den anderen Geschwistern und meiner Großmutter geschehen ist, ist ungewiss. Wir wissen nur, dass mein Großvater eines natürlichen Todes gestorben ist und auf dem jüdischen Friedhof in Kishinov beerdigt wurde. Früher trieb mich der Wunsch um, seine Gebeine nach Israel umzubetten, doch von diesem Gedanken konnte ich mich irgendwann frei machen. Der Körper ist doch nur die äußere Hülle, die Seele meines Großvaters ist sicherlich schon längst woanders.

Die nach Russland geflohene Schwester schaffte es, irgendwie nach Israel zu kommen, doch als wir uns Jahrzehnte später dort trafen, fanden wir nicht zueinander. Der Kontakt wurde nie wirklich vertraut, was sicher auch daran lag, dass sie nur russisch sprach.

Zu Chaim und Dora, dem Bruder und der Schwester meines Vaters, die mit seiner Unterstützung nach Buenos Aires gekommen waren, hatte ich ein ungleich besseres Verhältnis, kein Wunder, waren sie doch von Anfang an gegenwärtig.

Chaim arbeitete als Schneider, er stellte feine Anzüge her für die Männer der besseren Gesellschaft, Dora war Hausfrau und Mutter. Die drei Geschwister verbrachten viel Zeit miteinander, doch über ihre Eltern oder verlorenen Geschwister haben sie nie gesprochen. Die Zurückgelassenen spielten in ihrem Miteinander keine erkennbare Rolle. Dabei muss die Trennung doch traumatisch für alle Beteiligten gewesen sein. Irgendwann einmal fiel die Bemerkung, dass einer der im Holocaust umgekommenen Brüder ein großartiger Cellist gewesen sei. Mehr weiß ich nicht. Lange Jahre waren mir diese Wissenslücken nicht wichtig. Erst heute wundere ich mich, dass so viel Schweigen in unserer Familie herrschte. Das muss damals üblich gewesen sein, denn ich habe mich nie gefragt, warum das so ist.

Dennoch: Es ist bedauerlich, wie wenig ich über die Familie meines Vaters weiß.

Mein Vater Leo war nicht nur mein Vater; er war auch ein Freund. Vor allem aber war er mein wichtigster Lehrer, er hat mich außerordentlich stark geprägt, mit ihm habe ich von Kindesbeinen an musiziert. Er war wirklich ein geborener Pädagoge, er war ein Vorbild, ein Maestro. Alle seine Schüler haben ihn verehrt und geliebt. Sein Credo war: »Du trittst nicht auf, du teilst Musik.« Er wollte die ganze Welt an seiner Leidenschaft für die Musik teilhaben lassen, wollte mit allen seine Freude an der Musik teilen. So war er unter anderem auch Lehrer in einem Waisenhaus für jüdische Kinder. Das *Hogar Israelita Argentino* befand sich in Burzaco, einer Kleinstadt bei Buenos Aires. Im Laufe der Zeit bildete er dort das beste Kinderorchester Südamerikas aus. Manchmal brachte er eines der Kinder mit zu uns nach Hause, dann verbrachten wir ein paar Tage zusammen und spielten und musizierten gemeinsam. Für die alleingelassenen Kleinen war mein Vater der Papa. Es fühlte sich auch für mich ein bisschen so an, als seien sie alle Töchter und Söhne unserer Familie. Mit vielen Waisenhaus-Zöglingen stand mein Vater bis zu seinem Tod in Kontakt. Einige bekannte Musiker sind darunter, und ich bin bis heute mit ihnen in Verbindung.

Die Tage und Nächte meines Vaters waren mit Musik gefüllt. Tagsüber arbeitete er als Klarinettist im Symphonieorchester von *Radio del Estado*. Abends und an den Wochenenden spielte er als Klezmer auf Hochzeiten oder *Bar Mizwas* oder unterstützte eines der zahllosen Kaffeehaus-Ensembles, und nachts spielte er mit Kollegen im Studio Schallplatten und Tonbänder ein. Diese Aufnahmen fanden grundsätzlich und ausnahmslos nachts statt, denn tagsüber hatte einfach keiner Zeit. Jahre später, als ich nach Israel ging, übernahm mein Vater obendrein noch meinen Job als Klarinettist im Orchester des *Teatro Colón*.

Ich erinnere mich an eine Begebenheit, als mein Vater, mein Bruder Sergio und ich schon längst in Israel lebten.

Mein Vater während eines Auftritts. Beeindruckend ist die Zahl der Instrumente, die er bei diesem Konzert spielte: ein Alt-, ein Tenor- und ein Sopransaxophon, dazu eine Klarinette, eine Querflöte, eine Piccoloflöte und ein Bandoneon.

Sergio und ich waren beide Mitglieder im *Israel Philharmonic Orchestra*. Wenn ein Saxophon gebraucht wurde, sprang immer mein Vater ein. Wir spielten unter anderem den Bolero von Maurice Ravel unter der Leitung von Zubin Mehta, und ich sagte laut: »Passt auf und gebt euch Mühe, mein Vater ist hier!« Eines Tages – ebenfalls in Israel – kam er zu einer Aufnahme und hatte in der Eile sein Gebiss vergessen. Keiner hat es gemerkt, außer meiner Frau, und die musste ihm versprechen, nichts zu verraten. Erst als der Aufnahmeleiter am Ende sehr zufrieden mit der Einspielung war, hat ihm mein Vater verraten, dass er die ganze Zeit ohne Gebiss gespielt hat.

Mein Vater war ein unglaublich starker, großzügiger Mann. Er war sehr offen und plädierte dafür, mich auch zu anderen Lehrern zu schicken. Ihm ging es immer nur darum, dass mir darin geholfen wurde, das, was mich bewegt, mit meiner Musik so gut es irgend geht auszudrücken. Dafür werde ich meinem Vater auf ewig dankbar sein. Er hätte ja auch mit der Haltung durchs Leben gehen können, dass ich als sein Sohn keinem anderen Einfluss ausgesetzt werden solle. Dann wäre ich niemals das geworden, was ich heute bin. Ja, mein Vater war mein erster und absolut phantastischer Lehrer, mein engster Vertrauter. Bis zu seinem Tod. Es wurde ihm ja nichts weggenommen dadurch, dass ich auch von anderen Musikern gelernt habe. Und eben das hat mein kluger Vater gewusst und gefühlt.

Mein Bruder, der vor sechs Jahren starb, war genau elf Jahre älter als ich und sagte immer zu mir: »Ich bin das Resultat der Liebe zwischen Mama und Papa! Du dagegen bist nur da, weil die argentinischen Kondome nichts taugen ...« Sergio wollte mich immer ärgern, so wird erzählt. Ich habe keine Ahnung, ob das stimmt. Aber dass er mich immer damit aufzog, ist wahr. Und auch, dass meine Eltern sich sehr geliebt haben: Betrachtet man Bilder aus der frühen Kindheit meines großen Bruders, sieht man die Gesichter meiner Mutter und meines Vaters vor Glück und Stolz ob ihres ersten, wunderbaren Sohnes strahlen. Sie nannten ihn Sergio. Meine Mutter hatte sich ursprünglich für den Namen Cessar entschieden. Doch als mein Papa, vor Freude über den gesunden kleinen Jungen fast platzend, zum Standesamt ging, um seinen Sohn anzumelden und ihm offiziell einen Namen zu geben, war er so aufgeregt, dass er dem Standesbeamten nicht wie geplant den Namen Cessar nann-

Mein Bruder Sergio

te, sondern Sergej. Also einen Namen, der sehr weit verbreitet war in seiner ursprünglichen Heimat. Das ging natürlich nicht in Südamerika, und so wurde dann aus Sergej
irgendwann Sergio. Und Sergio wurde ein wunderbarer
Musiker, ein Flötist. Er war übrigens niemals auch nur im
Mindesten eifersüchtig auf mich, weil ich eine etwas erfolg-
reichere Karriere gemacht habe als er und ein bisschen berühmt geworden bin. Solche Maßstäbe sind uns fremd, wir
haben uns immer ehrlich über die Erfolge des anderen gefreut, da sind wir beide unverkennbar die Söhne unseres
Vaters, der uns diese Bescheidenheit immer vorgelebt hat.

Das Schlimmste, was Sergio jemals passiert ist, war sein
Schlaganfall. Es geschah, als er gerade fünfzig Jahre alt war.
An das genaue Datum kann ich mich leider nicht erinnern;
es war eine schlimme Zeit für uns alle, aber besonders
schrecklich war es für unsere Eltern, die damals beide noch
lebten. Ihr eigenes Kind in einem solch schlimmen Zustand
zu sehen hat sie sehr belastet. Der Schlaganfall muss stark
gewesen sein, denn hinterher hatte Sergio Lähmungser-
scheinungen. Und das in solch verhältnismäßig jungen Jah-

Mein Bruder Sergio und sein Sohn Ruben auf einer Familienhochzeit im Jahr 1952. Ruben hat sich seine kindliche Begeisterung für die Musik erhalten und wurde später ebenfalls Musiker.

ren – und als Musiker! Um seine Finger wieder wie gewohnt bewegen zu können, riet man ihm, viel Flöte zu spielen. Seine Kollegen im *Israel Philharmonic Orchestra* hatten ihn – und das war gar nicht böse gemeint, sondern entsprach realistischen Erwartungen – bereits abgeschrieben und sich nach Ersatz umgesehen. Doch Sergio schaffte es mit sehr viel Willensanstrengung und eiserner Kraft tatsächlich, nicht nur seine Lähmungen zu überwinden, sondern sogar als Flötist ins Orchester zurückzukehren. Leider wurde er

Jahre später wieder sehr krank und hielt sich in seinen letzten Lebensjahren oft im Krankenhaus auf. Zuletzt fiel er ins Koma und starb, ohne das Bewusstsein wiedererlangt zu haben, in einem Hospital in Tel Aviv.

Ihren Lebensabend verbrachten meine Eltern in Israel. Meine Mutter, die ja schon als kleines Mädchen Spanisch gelernt hatte, hat jedoch nie Hebräisch gesprochen. Seltsamerweise war das aber nie ein Problem. Besonders die Kommunikation mit ihren Enkelkindern verlief völlig störungsfrei, obwohl meine Mutter und meine Kinder ja keine gemeinsame Sprache hatten. Irgendwie wussten alle, was der andere meint. So schien es jedenfalls. Denn als meine Mutter, da war sie schon etwas älter, wegen einer Verletzung im Krankenhaus lag und keiner der Ärzte oder Schwestern spanisch sprach, waren alle sehr froh, als mein Sohn seine Großmutter besuchte, zwei Stunden an ihrem Krankenbett verbrachte und die beiden offensichtlich munter miteinander plauderten. Als der Junge sich schließlich auf den Heimweg machte, sprach ihn ein Arzt an und wollte von ihm wissen, wie es denn seiner Großmutter gehe. Darauf antwortete mein Sohn, woher er das denn wissen solle, er verstehe kein Spanisch. Er kenne eben seine Großmama und wisse, wann genau es angebracht sei, »sí« oder »no« zu sagen.

Übrigens machten es meine Cousins und Cousinen väterlicherseits genauso wie Sergio und ich. Erst gingen sie, die junge Generation, nach Israel, und irgendwann kamen die Eltern nach. Papa lebte eigentlich bis zu seinem Tod mit seinen beiden übrig gebliebenen Geschwistern immer im selben Land, zuerst in Bessarabien, dann in Argentinien und schließlich in Israel. Es ging aber nur die Familie meines Vaters nach Israel, die Geschwister meiner Mutter sind Argentinier durch und durch und wären niemals auf die Idee gekommen, ihr Heimatland zu verlassen.

Geburtstage sind wie Krebsgeschwüre, hat einmal ein weiser Rabbi gesagt. Einer bringt dich irgendwann um. So ähnlich denke ich auch. Ansonsten spielt das Alter überhaupt keine Rolle für mich. Auch das habe ich von meinen Eltern gelernt. So weiß ich bis heute nicht, an welchem Tag sie Geburtstag hatten. Bei uns wurden immer nur die Kindergeburtstage von Sergio und mir gefeiert. Ich glaube, das hat seine Wurzeln in der jüdischen Tradition. Für mich gilt bis heute: Jeder Tag ist ein Geburtstag. An jedem Tag meines Lebens möchte ich Menschen anrühren, meine innere Stimme sprechen lassen, am liebsten vierundzwanzig Stunden lang.

Doch irgendwann kommt für jeden von uns das Ende. Mein Vater starb mit achtundsiebzig Jahren in Israel. Morgens hatte er noch Klarinette gespielt, nachmittags bekam er einen Herzinfarkt und wurde ins Hospital eingeliefert, wo er dann verstarb. Er hatte schon jahrelang schwere gesundheitliche Probleme, litt unter Diabetes und hohem Blutdruck und hatte schon einen Herzinfarkt überlebt. Trotzdem kam sein Tod überraschend, wir waren alle schockiert. Meine Mutter, die genauso alt war wie mein Vater, war zu diesem Zeitpunkt schon senil und brachte alles durcheinander. Lange überlegten wir, ob wir ihr überhaupt erzählen sollten, dass ihr Mann gestorben ist. Wir trauten uns nicht. Doch dann gab ich mir einen Ruck, und mit dem Beistand meines Freundes Simon, der Arzt ist, erzählte ich meiner Mutter, dass ihr Mann nicht wie von ihr vermutet im Krankenhaus liege, sondern verstorben sei. Meine Mutter hatte einen völlig klaren Moment, verstand genau, was ich sagte, und antwortete nur: »Wenn mein Freund nicht mehr hier ist, möchte ich auch nicht mehr sein.« Die nächsten vier Monate saß sie dann auf ihrem Sofa und wartete auf den Tod. Sie wollte nichts mehr, sie wusch sich nicht mehr, und das, obwohl sie ihr Leben lang so viel Wert auf Sauberkeit und Ordnung gelegt hatte. Auch essen und trinken wollte sie nicht mehr. »Wir Kinder und die Enkel brauchen dich!«, flehte ich sie an, aber es half alles nichts mehr. Es war wirklich etwas völlig anderes als die vielen Male zuvor, wenn mein Vater in mehr oder weniger regelmäßigen Abständen wegen irgendeiner seiner Krankheiten im Hospital lag. Zu diesen Gelegenheiten wohnte meine Mutter bei uns und versuchte trotz ihrer Altersschwäche im Haushalt zu helfen. Aber als ihr Leo gestorben war, verlor sie allen Lebensmut. Die beiden hatten eine sehr enge Beziehung zueinander, ich habe sie nie streiten sehen. Mein Vater sprach nie von seiner Ehefrau, wenn er über meine Mutter sprach. Er redete immer von seiner Braut oder seiner Freundin. Sie waren innige Gefährten und konnten nicht ohne einander sein.

Als meine Mutter starb, spielte ich gerade ein Konzert in Chicago. Danach erzählte ich dem Veranstalter, dass ich während des Auftritts Nachricht von ihrem Tod erhalten hatte. Er war aufs Höchste verwundert, doch es war genauso, wie ich es gesagt hatte: Ich habe ihren Tod irgendwie gespürt. Nach ihrem Tod bekam meine Beziehung zu meiner Schwiegermutter eine völlig neue Qualität, sie wurde so etwas wie eine Ersatzmutter für mich.

Als ich im Todesjahr meiner Eltern, 1981, die CD *The Incredible Clarinet* einspielte, schrieb ich im Booklet über meinen Vater: »Er war mein musikalischer Mentor, mein

Vorbild, mein Freund und mein Ratgeber – und das bis zum letzten Tag seines Lebens. Ich habe keinen Zweifel, dass der Einfluss seiner Persönlichkeit und seines Lehrens den Weg, den ich gehen werde, bis zum Ende bestimmen werden … Diese Aufnahmen widme ich in Liebe und großer Wertschätzung meinem Vater und verehrten Lehrer.«

Vor wenigen Jahren besuchte ich das erste Mal Kishinov, den Geburtsort meiner Eltern. Sobald ich dort war, entstand auf seltsame Weise ein enger Kontakt zu meinem Vater und meinem Großvater. Papa war zum Zeitpunkt meiner Reise schon viele Jahre tot, seinen Vater hatte ich nie kennengelernt – ich habe es bereits gesagt: Er und meine Großmutter waren in Moldawien geblieben und nicht wie ihr Sohn Leo nach Südamerika ausgewandert – aber beide, mein Vater und mein Großvater, waren auf eine unglaubliche Weise präsent. Sie waren einfach da, zusammen mit mir. Eine wunderbare Erfahrung.

Was übrigens auch sehr präsent war, und zwar im Überfluss, war Momelige. Der Name dieses Gerichts hatte für mich von Kindertagen an einen besonderen Klang, die Augen meiner Tante Dora leuchteten, wenn sie von ihrer Leibspeise aus der Heimat sprach. Momelige! Morgens, mittags und abends wurde Momelige serviert, und bald konnte ich die Grießpolenta nicht mehr sehen. Mehr ist es nämlich nicht. Enttäuschend!

Dafür war die Musik, die ich damals dort gespielt habe, außergewöhnlich! Zusammen mit einem Roma-Orchester, das unfassbar schnell spielte. Als ich sie darauf ansprach, wussten die Musiker gar nicht, was ich meinte. Langsam oder schnell – das waren nicht die Kategorien, in denen sie dachten. Ihr Leben war nicht von Zeitspannen und festen

Auf einer Familienfeier Mitte der Fünfzigerjahre – ich bin hinten links stehend zu sehen, vor mir sitzend meine Mutter.

Daten bestimmt. Sie kannten nicht einmal ihre Geburtstage oder wussten, welcher Tag, gar welche Stunde gerade ist. Mit diesen wunderbaren Musikern gab ich auch öffentliche Konzerte. Ich nahm keine Gage an. Wie könnte ich, an einem Ort, an dem meine Familie einst zu Hause gewesen war und an dem einige Familienmitglieder gestorben und begraben waren? Mein Vater würde sagen: »Klar kannst du!« Machte ich aber nicht, konnte ich nicht.

Mein Vater ist übrigens auch noch einmal in Kishinov gewesen. Das muss irgendwann Ende der Sechzigerjahre gewesen sein. Und als er seine alte Heimatstadt erkundete, sein Elternhaus noch einmal besuchte und nach alten Bekannten Ausschau hielt, traf er tatsächlich einige Roma, mit denen er und sein Vater damals gespielt hatten, als er noch ein halbes Kind war. Ich denke, dieses Wiedersehen nach vielen Jahrzehnten hat meinem Vater sehr, sehr viel bedeutet.

Wenn ich das Fotoalbum unserer Familie heute zur Hand nehme und darin blättere, erkenne ich, was immer behauptet wird: Ich sehe aus wie mein Großvater. Und Michal, meine Tochter, hat große Ähnlichkeit mit mir.

Sergio, mein älterer Bruder, gleicht eher unserer Mutter. Und noch jemand sieht meiner Mutter sehr ähnlich: meine Enkeltochter Hagar. So schließt sich der Kreis.

Und so, wie sich offenbar äußere Merkmale vererben, werden auch andere Dinge weitergegeben, Krankheiten unter anderem. Ich habe nicht nur, wie bereits erwähnt, die Augenkrankheit meines Großvaters geerbt. Meine Eltern waren beide relativ klein, das bin ich auch, und – es soll gerecht zugehen im Leben – ich leide seit mehreren Jahren unter Diabetes, wie mein Vater, und unter Bluthochdruck, wie meine Mutter. Mit einer ziemlich strengen Diät und ein paar Pillen am Tag behalte ich diese Leiden aber ganz gut im Griff.

Aus der Stille –
in die Stille

*Das Lied ist mein Koffer,
ist voller Erinnerung.
Mit diesem Gepäck
bin ich niemals allein.*

Das Publikum hat Platz genommen, das Licht wird ge-dimmt, angeregte Gespräche weichen gespannter Er-wartung und angestrengtem Flüstern. Ich stehe irgendwo an einer Saaltür, blicke von hinten auf die Zuhörer. Ich halte inne. In das leise Murmeln hinein spiele ich meinen ers-ten zarten Ton. Um mich herum breitet sich Stille aus. Langsam setze ich einen Fuß vor den anderen, spiele leise weiter. Immer mehr Zuhörer werden auf mich aufmerk-sam – stellen ihr Murmeln und Flüstern ein, werden ruhig. Mein Spiel ist nun nicht mehr zu überhören, alle im Saal sind bei mir, wenn ich die Bühne betrete. Ich habe die un-sichtbare Grenze zwischen dem Publikum und mir über-schritten, wir sind eine Einheit. Die Menschen sind bereit zu empfangen, was ich ihnen mit meinem Klarinettenspiel mitteilen möchte.

Dieser Einstieg ist mittlerweile zu einem Markenzeichen geworden. Ich brauchte einige Jahre, bis alle Konzertveran-stalter das akzeptierten; immer wieder gab es Einwände.

Für mich ist dieser Anfang sehr wichtig. Ein Abend mit Menschen auf und vor der Bühne ist für mich jedes Mal eine spirituelle Erfahrung. Ich gehöre nicht zu jenen Künst-lern, die ihre Musik in dem Bewusstsein präsentieren, da gibt es Menschen, die haben sehr viel Geld bezahlt für ihre Tickets, also stelle ich mich auf die Bühne und spiele, so gut ich es kann. In einer solchen »Kundenbeziehung« kann ich und will ich nicht den Alleinunterhalter geben. Ich spiele nicht Klarinette, weil ich den Menschen beweisen möchte, dass ich mein Instrument beherrsche. Sondern ich spiele

Klarinette, um meine Gefühle mit den Menschen zu teilen. Ich singe Lieder, die tief in mir sind, und meine Klarinette ist das Mikrophon meiner Seele. Wenn sie seufzt, lacht, weint, trauert, jubelt, spricht sie mit den Menschen, versucht, Brücken zu bauen, und lädt ein, Teil der großen Familie zu werden, die sich für diesen einen Abend in diesem Konzertsaal versammelt hat.

Deshalb ist jedes Konzert, das ich spiele, das erste Konzert meines Lebens. Die Menschen sind andere, der Saal ist ein anderer, und ich selbst bin auch ein anderer. »Er kann einen Song so spielen, dass sich darin lauter geheimnisvolle Räume auftun – geflüsterte Gebete«, schrieb die Wochenzeitung DIE ZEIT einmal über mich.

Wenn mir das in einem Konzert gelingt, dann war es ein guter Abend – für mich und für die Menschen, die mitgesungen, mitgebetet, mitgefühlt haben, für uns alle. Schließlich ist Musik die einzige Sprache, die alle Menschen verstehen. Diese Sprache muss uns niemand beibringen, wir alle haben sie in uns.

Das ist wohl der Grund, warum ich immer nur spielen und spielen und spielen möchte. Schon als kleiner Junge klimperte ich auf dem Klavier vor mich hin. Und als mein Vater eines Tages nicht zu Hause war, schlich ich mich in sein Zimmer und nahm mir eines seiner Instrumente. Relativ schnell gelang es mir, auch der Klarinette kleine Melodien zu entlocken. Natürlich bemerkte mein Vater schon kurz darauf, dass eines seiner Instrumente fehlte. Von dem Tag an unterrichtete er mich oder besser: Er zeigte mir, wie er mit der Klarinette spricht. Ich brauchte ihm nur zu folgen. Er war ein Naturtalent als Pädagoge. C D E F G A H sind nicht nur einfach Buchstaben, es sind Noten. Und jede Note ist ein Ton, eine Schwingung mit einer charakteristischen Färbung. Mein Vater hatte völlig recht: Eine Tonleiter ist mehr als die Aneinanderreihung von Tönen, es ist ein Lied. Ein wunderschönes Lied mit einem herrlichen Klang. Daraus wird Musik: eine Aneinanderreihung von Tonleitern und Intervallen.

Wenn man es so einfach vermittelt, empfinden Schüler das Spielen ihres Instruments nicht als mühsames, monotones Üben, sondern als ein Hervorbringen von wohlklingenden Tönen. Es gibt ja im Grunde keinen Unterschied zwischen Üben und Spielen. In beiden Fällen ist es Musik, die entsteht. »Eine Note ist eine Melodie«, sagte mein Vater immer. Was er meinte, wurde mir viel später klar, als ein Freund von mir, der keine Noten lesen konnte, sich ein Keyboard zulegte. Er konnte die Noten, die er spielte, ausdrucken. Ich bat ihn, einfach ein paar Tasten auf dem Keyboard zu drücken, und habe die Noten dann mit der Klarinette gespielt. Was soll ich sagen? Daraus sind ein paar schöne kleine Melodien entstanden.

Dieses starke Empfinden für das Wunder, das wir Musik nennen, habe ich sicher von meinem Vater. Mit der Zeit erkannte er, dass es mir ernst war mit der Musik, und so schickte er mich irgendwann zu Professor Roque Spatola, der einer der ganz großen Musiklehrer der damaligen Zeit war. Dieser Mann hat mich gelehrt, jeder Art von Musik mit Respekt zu begegnen, und dafür bin ich ihm bis heute sehr dankbar.

Jahre später, ich war wohl fünfzehn oder sechzehn Jahre alt, wurde ich auf die Akademie geschickt, wo ich von einem sehr guten Lehrer unterrichtet wurde. Eines Tages spielte ich dort das Klarinettenkonzert von Mozart, als er mich mittendrin unterbrach und sagte, dass ich erst wiederkommen dürfe, wenn ich diese Musik genauso fühlen könne wie die jüdische Musik, die ich zu dieser Zeit auch schon spielte.

Was soll ich sagen? Er hatte natürlich recht, mir war das noch gar nicht aufgefallen. Wie es in einem musikalischen Haus üblich ist, hörten meine Eltern sehr viel klassische Musik, doch Klezmer, die traditionelle jüdische Musik, war mir viel präsenter, war mir viel näher und vertrauter. Jedes Mal, wenn ich klassische Musik spielte, verkrampfte ich mich auf eine seltsame Weise. Ich konnte mich nicht richtig auf diese Musik einlassen, so wie mir das bei jüdischer Musik gelang. Wahrscheinlich hatte ich Angst, dieser Musik nicht gerecht zu werden. Und genau das, diese Angst, dieses Angespanntsein, war meinem Lehrer aufgefallen. Ich erzählte meinem Vater davon, und er gab mir nur einen kleinen Hinweis, der mich seitdem durch mein Musikerleben begleitet: »Es ist dieselbe Sprache.« Von diesem Moment an klappte es plötzlich. Ich konnte das wunderbare Klarinettenkonzert mit vollem Herzen spielen!

Schließe die Augen, und singe etwas mit deiner inneren Stimme. Du wirst sehen, alles ist da, warm und perfekt. Musik ist ein Gebet ohne Religion. Musik ist spirituelle Nahrung. Musik macht die Welt besser, keine Frage.

Stehe ich auf der Bühne, sind für mich nur zwei Dinge wichtig: das, was meine Seele und mein Herz mir sagen. Meine Finger drücken die Tasten, die mein inneres Singen vorgibt. Ich versuche die Sprache zu verstehen, die wir Musik nennen.

Meine Solokarriere habe ich als Klezmer begonnen, doch mein musikalischer Hintergrund ist weit größer und umfassender – und das nicht nur dank meiner musikalischen

Ausbildung. Bereits als Teenager spielte ich mit meinem Vater ein Repertoire mit Stücken aus den unterschiedlichsten Musikstilen. Wir traten häufig auf jüdischen Hochzeiten auf, doch wir waren es ebenso gewohnt, auf Kongressen und in Kaffeehäusern zu musizieren. Jeder Kaffeehaus-Betreiber in Buenos Aires, der auf ein gepflegtes Publikum und einen guten Ruf Wert legte, engagierte einen oder mehrere Musiker, um seine Gäste täglich von morgens bis spätabends zu unterhalten. Da spielten natürlich nicht jeden Tag und für so viele Stunden dieselben Musiker, sondern wir wechselten uns ab. Auf diese Weise kamen mein Vater und ich zu regelmäßigen Auftritten. Und ich war es von Kindesbeinen an gewohnt, klassische Stücke, Tango, Swing, Klezmer und anderes zu spielen.

Auch die Besetzung wechselte oft. Für mich war das eine sehr wichtige Schule. Ich trat und trete bis heute allein, im Trio, mit einem Quartett oder einem Septett auf. Mehr als zwanzig Jahre lang war ich Mitglied eines Symphonie-Orchesters und begleitete häufig Kammerorchester. Auch heute noch trete ich gern als Solist gemeinsam mit einem Orchester auf. Kurz gesagt: Ich habe in nahezu allen möglichen Besetzungen nahezu jede Art von Musik gespielt. Und bin sehr froh über diese Vielfalt, die mein Musikerleben bis heute bestimmt.

Da ist das fabelhafte Gershwin-Quartett, vier Streicher, die seit 1990 als Ensemble auftreten und tief in der klassischen Musik verwurzelt sind. Seit einigen Jahren treten wir gemeinsam auf und profitieren voneinander, wenn sie ihre gewohnten Bahnen verlassen und wir eine Reise durch die Welt der Musik antreten und dabei die unterschiedlichsten Traditionen und Musikstile nebeneinanderstellen: die klassische Kammermusik und den Jazz, Klezmer und Tango.

Das Besondere dieses Quartetts ist seine Zusammenset-zung: drei Männer und eine Frau. Denn meiner Erfahrung nach funktioniert ein Quartett nicht so gut, wenn es zu ho-mogen besetzt ist, also wenn nur Frauen oder Männer zu-sammen musizieren. In diesem Sinne spielt die ukrainische Violonistin Natalia Raithel, abgesehen von ihren musikali-schen Qualitäten, eine wichtige Rolle in diesem Ensemble, das sie zusammen mit dem Meisterviolinisten Michel Gershwin, der dem Quartett seinen Namen gab, und dem Bratschisten Juri Gilbo sowie dem Cellisten Kira Kraftzoff bildet – alle drei stammen übrigens aus Russland. Wir ha-ben immer viel Spaß miteinander, und es ist wirklich die reinste Freude, mit diesen phantastischen Musikern zusam-men auf der Bühne stehen zu dürfen. Natürlich sprechen die vier auch in meiner Gegenwart öfter russisch miteinan-der, es ist ja nicht außergewöhnlich, mit Landsleuten in die eigene Muttersprache zu verfallen. Um sie aufzuziehen, sage ich dann immer: »Entweder redet ihr schlecht über mich, oder ihr sprecht über etwas, was ich nicht wissen soll oder darf.« Dann lächeln sie mich an und bemühen sich, wieder englisch zu sprechen.

Jedes Konzert mit ihnen ist etwas Besonderes, aber eine Begebenheit werde ich niemals vergessen. Wir waren in München und traten dort mit meiner Enkeltochter Hila auf, die so wunderbar Harfe spielt. Aufgeführt wurde ein Konzert für Streichquartett, Klarinette und Harfe, kompo-niert von meiner Frau Ora und arrangiert von Peter Brei-ner, einem Multitalent – ich werde später noch von allen dreien erzählen. Wie immer ging ich Hand in Hand mit Hila auf die Bühne. Die besondere Aufgabe an diesem Abend war der Wunsch aller Musizierenden, das Mädchen bei einem seiner ersten großen Auftritte in Europa zu begleiten. Hila besitzt eine große Auffassungsgabe; sie lernt und begreift sehr schnell und ist in ihrem Auftreten äußerst souverän. Dennoch hatten wir fünf alle das Verlangen, sie nach besten Kräften zu unterstützen. Nach dem Konzert bedankte ich mich bei Michel Gershwin dafür. Und er erwiderte, er habe nur einem Empfinden nachgegeben, das er tief in sich gespürt habe, dem Gefühl, als habe sein eigener Sohn, der wie er Violinist ist, neben ihm auf der Bühne gestanden. Diese noble Haltung zeichnet alle vier Mitglieder des Gershwin-Quartetts aus und macht deutlich, warum ich diesem künstlerisch herausragenden Ensemble menschlich so eng verbunden bin.

Das ist die wertvollste Erfahrung meines langen Musikerlebens, dass ich immer wieder Kolleginnen und Kollegen kennengelernt habe, zu denen ich nicht nur eine künstlerische, sondern auch eine zwischenmenschliche Beziehung aufbauen konnte.

So wie mit Matthias Eisenberg, dem Ausnahme-Organisten, mit dem ich seit gut zehn Jahren regelmäßig auftrete. Ein wunderbarer Mensch, der so sehr in der Musik lebt, dass er völlig verträumt statt in das Flugzeug nach Oslo, wo das nächste Konzert stattfindet, in die Maschine nach Belize steigen möchte. Er ist manchmal wirklich noch schlimmer als ich!

Das erste Mal haben wir im Jahr 2000 in der Kirche St. Severin in Keitum auf Sylt zusammen gespielt; Matthias Eisenberg war zu jener Zeit Kirchenmusiker in der dortigen Gemeinde. Im *Sylter Spiegel* schrieb der örtliche Musikkritiker über das Konzert: »Zusammen mit dem Organisten Matthias Eisenberg hob Giora Feidman die Grenzen zwischen E- und U-Musik auf – und die Trennungslinie zwi-

schen Publikum und Musikern. Immer wieder rief er sein
›Zusammen‹ und animierte die Zuhörer zum Summen einer
Melodie oder eines Grundtons. Dann verführte er mit den
Gesten eines Schlangenbeschwörers den Orgelspieler zu
ekstatischen Interpretationen …«

Denn das ist die außergewöhnliche Begabung von Matthias Eisenberg – er ist mittlerweile berühmt für seine vir-
tuosen Improvisationen. Ich glaube, ihm war die Liebe zur
Musik auch schon in die Wiege gelegt. Bereits mit neun
Jahren war er Organist in seiner Dresdner Kirchengemein-
de. 1980, im Alter von vierundzwanzig Jahren, wurde er
vom Leipziger Gewandhausorchester als Organist ver-
pflichtet. Sechs Jahre später verließ er die DDR. Seine Rückkehr nach Leipzig wurde zu einem seltenen Triumph. 2001
spielte er erstmals wieder im Gewandhaus. Das Konzert
war lange Zeit vorher ausverkauft – und am Ende war das
Publikum so begeistert, dass er mehr als eine Stunde lang
Zugaben spielte. Die Konzerte mit ihm sind etwas ganz Besonderes. Das Publikum blickt zum Altar, und wir stehen
auf der Orgelempore, wo wir oft nicht gesehen werden,
und spielen ein ganzes Programm ohne Zwischenapplaus.
Dabei wird eine ganz besondere Energie in der Kirche spürbar, eine ergreifende spirituelle Tiefe. Es ist jedes Mal ein
besonderes Glück, mit diesem außergewöhnlichen Menschen zu musizieren – ein ostdeutscher Christ und ein Jude,
der aus Argentinien stammt. Und beide sprechen die gleiche Sprache, sprechen Musik!

Seit 1960 spiele ich regelmäßig in unterschiedlichen Trios.
Und bis heute habe ich keine andere Formation gefunden,
mit der ich so ausdrucksstark die Stimme meiner Seele erklingen lassen kann. Denn für mich ist keine Formation so

54

flexibel wie diese. Ich habe immer wieder neue Partner gesucht und gefunden. In den letzten Jahren waren es der Kontrabassist Guido Jäger und der Gitarrist Jens-Uwe Popp, die sich in unseren gemeinsamen Konzerten mit mir die musikalischen Bälle zuspielen, manchmal ernst und getragen, dann wieder heiter und lebensfroh. Zusammen mit dem Publikum sind wir ja eigentlich ein Quartett. Und wenn wir die einzigartige Stimmung im Konzertsaal dazunehmen, wird aus dem Quartett ein Quintett. Manchmal ist auch noch Murat Coskun dabei – ein Percussionist mit einer unglaublichen musikalischen Tiefe, ein in Deutschland geborener Türke, der in der Weltmusik zu Hause ist. Dann sind wir ein Sextett …

Es ist schön, diese Vielfalt leben zu können. Das gibt mir Freiheit, nicht nur, was die Musik angeht, die ich mache, sondern auch, was meine Tourneeplanung angeht. Als ich in den Achtzigerjahren begann, Konzerte in Deutschland zu geben, flog ich zunächst mit den mir vertrauten Musikern aus den Vereinigten Staaten ein. Natürlich nicht für ein Konzert, das wäre viel zu aufwendig gewesen, sondern für eine ganze Tournee. Ich war terminlich ja immer festgelegt. Doch nach und nach baute ich mir in Europa einen Kreis von vertrauten Kollegen auf, die gern mit mir und mit denen ich gern auf Konzertreise gehe. Es würde mir schwerfallen, mit mir völlig unbekannten Musikern aufzutreten. Um musikalisch zu harmonieren, muss man sich doch aufeinander einlassen und eine gemeinsame Stimme finden, und das braucht Zeit. Weil es so wichtig ist, als Einheit vor das Publikum zu treten, schaue ich mir, wenn ich mit neuen Kollegen zu musizieren beginne, immer zuerst den Menschen und erst dann den Künstler an. Der Musiker oder die Musikerin können noch so großartig spielen – wenn es menschlich nicht passt, werden wir niemals ein exzellentes Trio bilden. Ich verlasse ich mich da vollkommen auf meinen Instinkt, und bisher bin ich damit immer ganz gut gefahren.

Dieses Eins-Sein als Gruppe von Musikern gelingt nach meiner Erfahrung am besten als Trio oder als Quartett. Je größer die Besetzung ist, desto schwieriger ist es, zu einer Einheit zusammenzuwachsen. Der Aufbau eines größeren musikalischen Klangkörpers wie eines Symphonieorchesters ist ein lang andauernder Prozess, und es vergeht viel Zeit, bis ein eigener Ausdruck erreicht wird. Die Schließung von Theatern und Orchesterbetrieben vernichtet deshalb oft die Ergebnisse jahrelanger harter Arbeit. Im Wesentlichen hängt die Fähigkeit, ein Orchester zu einer musikalischen Einheit zu formen, vom Dirigenten ab.

Den großen Einfluss des Dirigenten habe ich bei einer Probe mit einem weltberühmten Orchester erleben dürfen. Mittendrin übernahm der Assistent des ebenso berühmten Dirigenten den Taktstock – und mit einem Mal war die gesamte Energie, die das Orchester auszeichnete, wie weggeblasen. Innerhalb des Bruchteils einer Minute, völlig unverständlich für jeden, der dabei war. Wie gesagt: Das war keine bunt zusammengewürfelte Laienmusikerschar, sondern eines der großen Orchester unserer Zeit, eine Profi-Truppe, von der man eigentlich annehmen dürfte, es sei gleich, ob da ein Dirigent stünde oder nicht. Aber weit gefehlt!

Oft spielen große Orchester für mein Empfinden irgendwie zu laut. Spielt piano, spielt pianissimo, lauscht dem Klang eurer inneren Stimme! Viele Musiker haben einen starken Drang zum *big sound*. In meinen Augen ist das eine überflüssige Kraftanstrengung.

Leider scheinen auch die Hersteller von Blasmusikinstrumenten diesem Trend zu folgen. Viele Instrumente werden heutzutage hauptsächlich zu dem Zweck gebaut, diesen *big sound* hervorzubringen. Es ist doch viel schöner, mit einem Pianissimo die innere Stimme erklingen zu lassen. Es ist auch kinderleicht. Man muss seinen Atem einfach nur fließen lassen. Ich habe in dieser Hinsicht großes Glück. Denn letztendlich kann ich selbst entscheiden, was ich spiele, mit wem ich spiele und wo ich spiele.

Viele Opernhäuser und Theater, die ich kenne, besitzen die Atmosphäre eines Tempels, eines Gotteshauses. Dort wird eine ganz besondere Energie spürbar. Ich habe im Laufe der Jahre gelernt, diese Energie zu nutzen. Wir müssen begreifen, dass diese Energie vorhanden ist, unabhängig davon, ob Menschen dort sind oder nicht. Bei vielen Konzerten bringen wir Menschen die Energie in den Konzertsaal. Wenn wir in eine Kirche kommen, ist die Energie bereits da, und ich muss mich nur mit ihr verbinden.

Bei Konzertsälen, die ja oft genug nur Mehrzweckhallen sind, ist das etwas anderes. Doch Musik kann bewirken, dass selbst in diese Gebäude eine spirituelle Energie einzieht. Nach meiner Überzeugung gibt es keine gute oder schlechte Akustik, genauso wenig, wie es ein gutes oder schlechtes Publikum gibt. Selbst mit der schwierigen Akustik in einer Kirche habe ich gelernt, umzugehen und sie als Partner eines musikalischen Ausdrucks zu verstehen. Musik ist dazu da, um eine Botschaft zu transportieren. Und das geht überall, selbst in einer Garage!

Denn Musik ist etwas Lebendiges. Ein Musikstück entsteht jedes Mal neu, wenn es gespielt wird. Musik, live auf einer Bühne, in einem Konzertsaal oder in einer Kirche gespielt, ist etwas Einzigartiges. Wie oft habe ich es erlebt, gerade bei großen Symphoniekonzerten, dass die Zuhörer enttäuscht waren. Sie hatten dasselbe Musikstück wahrscheinlich schon fünfzig Mal zu Hause auf Schallplatte oder CD gehört und waren mit der Erwartung in den Konzertsaal gekommen, dass alles genauso klingen werde wie im heimischen Wohnzimmer. Aber statt Leonard Bernstein, der die Schallplatten- oder CD-Aufnahme dirigierte, stand nun ein anderer, ebenfalls großartiger Dirigent am Pult, und es waren andere Musiker. Die eben dasselbe Musikstück völlig anders zum Ausdruck brachten. Nicht besser, nicht schlechter, nur anders, mit einem eigenen Zugang, eigenen Gefühlen, eigenen Betonungen. Wie schade, dass die enttäuschten Zuhörer nicht einfach den Moment, die Gegenwart der Musik genossen haben!

Jeder Mensch drückt Musik anders aus. Ich habe einmal erlebt, dass der anwesende Komponist bei einer Probe sein eigenes, selbst komponiertes Stück nicht wiedererkannt hat. Für mich ist genau das das Großartige an der Musik: Sie ist nicht wiederholbar bis in die letzte Nuance. »He plays from the heart – er spielt mit dem Herzen«, darauf kommt es an! Als Musiker nutze ich mein Gehirn nur zur Steuerung meiner Bewegungen. Doch wenn der erste Ton erklingt, ist die Seele, ist das Herz der Mittelpunkt allen Seins.

Manchmal, wenn ich eine Bühne betrete, stelle ich mir vor, dass ich für ein kleines Kind singe. Ein zartes Pianissimo, das das Kind behütet und beschützt und ihm Ruhe gibt. Das habe ich früher auch meinen Schülern beizubringen versucht. Es ist wichtig, sein Spiel mit der eigenen inneren Ruhe zu verbinden. Ein Pianissimo ist keine Spieltechnik, sondern der Ausdruck ebendieser eigenen inneren Ruhe.

»Stellt euch vor«, habe ich ihnen erklärt, »ihr wollt ins Kino gehen. Aber ihr könnt erst los, wenn das Baby schläft. Also müsst ihr so spielen, dass das Baby Ruhe findet, um einschlafen zu können.« Vorher hatten sich die jungen Leute immer schwergetan, ihnen fehlte das Gefühl für diesen besonderen Moment. Aber als sie sich vorstellten, dass ihre innere Stimme zu einem Säugling spreche, fanden sie den richtigen Ton leichter.

Was für meine Schüler galt, gilt heute noch für manche meiner Musikerkollegen. Vor einigen Jahren spielte ich bei einer Probe mit einem großen Orchester das Klarinettenkonzert von Mozart. Einige der Musiker spielten uninspiriert vor sich hin, und so sagte ich: »Meine Seele möchte dies etwas anders ausdrücken.« Das Orchester war es nicht gewohnt, dass ein Solist seine Wünsche so beschreibt. Ich zeigte ihnen dann mit meiner Klarinette, was ich meinte. Ich werde nie vergessen, wie sich dieses Orchester auf einmal verwandelt hat. Die Musiker setzten eine Energie frei, wie sie sie mir gegenüber noch nie gezeigt hatten. Ich konnte es ihnen geradezu ansehen, wie befreit sie waren.

Ganz anderer Art war die Reaktion eines anderen Orchesters auf meinen Wunsch, mehr von der Seele her zu spielen. Es war der Dirigent, der überhaupt nicht verstand, worauf ich hinauswollte. Genervt wandte er sich dem Orchester zu und rief: »Okay, okay, ab Takt 24 mehr Seele!« Dieser Dirigent hat wirklich nichts von Musik verstanden – es gibt eben nicht nur gute Dirigenten.

Gibt es gute und schlechte Orchester? Ganz und gar nicht, meine ich, genauso wenig, wie es gute oder schlechte Schüler gibt. Nein, es ist immer der Dirigent bzw. der Lehrer, der maßgeblich ist für die Qualität seiner Zöglinge.

Eigentlich mag ich diese Kategorien nicht. Wenn es zwischen Dirigent und Orchester, zwischen Lehrer und Schüler stimmt, entsteht ein fruchtbarer Dialog, mit Vorteilen für beide Seiten.

Wenn man lange genug in einem Orchester gespielt hat, weiß man von einem neuen Dirigenten alles, sobald er das erste Mal den Taktstock bewegt, selbst seine Schuhgröße.

Genauso wenig, wie es gute und schlechte Orchester gibt, gibt es auch kein Solo, selbst wenn die Musikliteratur das so nennt. Denn ein Musiker ist nie allein, die Musik ist immer in dir, auch die Musik, die die anderen Stimmen spielen. Das Orchester, der Dirigent und der Solist bilden eine unauflösliche Einheit. Nur wenn alle ihren Beitrag zum Ganzen leisten, wird die Musik zum Erlebnis. Deshalb wende ich mich immer ab, wenn die Solisten angehimmelt werden.

Ein Schlüsselbegriff für mein Verständnis von Musik ist »teilen«, und zwar ohne jegliches Eigeninteresse. Bei einigen meiner Kollegen habe ich manchmal das Gefühl, sie leben und spielen für den Applaus. Dabei ist doch das Musizieren an sich schon Lohn genug! Einen besseren gibt es meiner Meinung nach nicht.

Dabei sehe ich durchaus die Versuchung, den eigenen Erfolg absolut zu setzen. Wenn ich nur daran denke, was die Zeitungen in den letzten Jahrzehnten alles über mich geschrieben haben! In der *Frankfurter Allgemeinen Zeitung* war über mich zu lesen: »Giora Feidman, das ist eine Klasse für sich, für die es keinen Vergleich gibt.« Ich fühle mich geehrt, wenn so etwas über mich gesagt wird. Aber diese Urteile sind nicht maßgebend für meine Arbeit als Musiker. All die kapriziösen Musiker, die nur solchen Schlagzeilen hinterherlaufen, bringen sich um wichtige Erfahrungen.

In der *Washington Post* stand einmal zu lesen, ich sei »ein Mann, der Gefühle weckt, die älter sind als die Steine der Klagemauer«. Ein schönes Bild. Denn es beschreibt, was Musik vermag, aber nicht nur meine Musik, sondern jede Art von Musik. Ich würde niemals von christlicher, jüdischer, muslimischer Musik sprechen. Von Jazz oder Tango! Musik ist Musik – sie ist nur unter unterschiedlichen Einflüssen entstanden. So wie dem Briefträger die Post nicht gehört, die er verteilt, so gehört mir die Musik nicht, die ich spiele. Ich bin lediglich der Überbringer, der mit seinen Zuhörern singt und spricht.

Beim Singen mit der Klarinette spüre ich sehr genau, welches Gefühl ich bei meinem Publikum auslöse. Wem dieser Zusammenhang nicht bewusst ist und wer sich bei der Musik auf anderes konzentriert, kann sich nicht in die Zuhörer hineinfühlen. Dann geht es einzig und allein darum, *gut auszusehen* und die Töne perfekt zu spielen.

Wenn ich ein Konzert gebe, spiele ich für meine Familie. Ja, so nenne ich mein Publikum. Es ist meine Familie. Das hat natürlich nicht mit unseren üblichen Vorstellungen von Familie zu tun. Aber muss man unbedingt blutsverwandt sein, um sich als Familie zu begreifen? Ich bin davon überzeugt, dass es nicht so ist. Einige meiner Freunde sind wie Brüder für mich, und wenn andere Menschen Musik mit mir teilen, sind sie mir in diesem Moment sehr, sehr nah.

Und manchmal ist die Magie der Musik dann mit Händen zu greifen. Bei einer Probe der wunderbaren Oper *Tristan und Isolde* von Richard Wagner sagte ich zu einem Kollegen: »Eigentlich genügt schon die Orchester-Musik, wir bräuchten die Sänger gar nicht.« Und erinnerte mich dann an meinen Vater, der mir bei einer *Rosenkavalier*-Aufführung zuflüsterte: »Spürst du das? Selbst als Milliardär könntest du dir einen solchen Moment nicht kaufen!« Dieses starke Empfinden für das Wunder, das wir Musik nennen, habe ich sicher von meinem Vater.

Ich vergleiche solche Musik mit einem Klebstoff – sie bleibt an uns haften und lässt uns nicht mehr los. Das ist nur möglich, weil jedes einzelne Konzert seine ureigene Energie besitzt. Ich bin wirklich immer noch vor jedem Auftritt aufgeregt – die neue Energie, die ich treffen werde, sobald der erste Ton erklingt, motiviert mich unendlich. Wohl auch deshalb kommen die Menschen immer wieder in meine Konzerte. Ich glaube, sie kaufen meine CDs am Ende des Abends, um das besondere Hörerlebnis, diese Erfahrung von Gemeinschaft mit in den Alltag nehmen zu können.

Es ist mir schon öfter passiert, dass Paare mich angesprochen haben und mir erzählten, dass sie sich bei einem meiner Konzerte kennengelernt hätten. Ich finde das jedes Mal wieder sehr schön, aber es überrascht mich nicht. Musik macht Menschen – und davon bin ich felsenfest überzeugt – offener und einander sehr viel zugewandter.

Glücklicherweise teilen viele Menschen diese Erfahrung. Oftmals mehr, als wir erwarten. Vor einigen Jahren spielte ich in der Kirche einer Kleinstadt, eine gute Stunde von Zürich entfernt. In der Stadt wohnten damals um die dreißigtausend Menschen – und in der Kirche drängten sich gut achthundert Besucher, als ich zu spielen begann! So viel Interesse ist außergewöhnlich, dafür aber umso erfüllender.

Leider gibt es immer noch viele Menschen, denen Musik nicht viel bedeutet. Bestenfalls konsumieren sie Musik wie ein schönes Abendessen in einem teuren Restaurant. Und sprechen über sie wie über ein zu lange gebratenes Steak.

»Mag ich« oder »Mag ich nicht« sind die Kategorien, in denen sie denken und urteilen. Ich finde es immer wieder erstaunlich, wenn ich höre, wie Männer erzählen, dass sie niemals eine Oper besuchen würden, weil sie diese Art von Musik nicht leiden können. Diesen bedauernswerten Menschen wurde sicherlich von frühester Kindheit eingebleut, dass Opern allenfalls etwas für Frauen seien. Welch ein Irrtum! Man höre nur ein paar Takte einer Mozart-Ouvertüre, und das Herz geht einem auf. Es gibt doch kaum etwas Schöneres auf der Welt!

Ach, es ist wirklich schade, dass manche Menschen so verschlossen sind! Und davon überzeugt sind, klassische Musik sei nichts für sie. Es ist so schwierig, sie vom Gegenteil zu überzeugen. Vorurteile zu überwinden ist eine der schwierigsten Aufgaben für uns Menschen. Man muss es wirklich und wahrhaftig wollen, sonst klappt es nicht. Frauen haben meiner Erfahrung nach oft einen viel natürlicheren Bezug zur Musik – vielleicht deshalb, weil Mütter mehr für ihren Nachwuchs singen als die Väter. Männer singen seltener als Frauen – jeder Chorleiter weiß das. Und doch ist es schwierig, das zu ändern.

»Maestro Feidman besitzt die magische Gabe, seiner Klarinette die Ausdrucksstärke und Beredsamkeit einer menschlichen Stimme zu verleihen«, schrieb ein Journalist der *New York Times* über eines meiner Konzerte. Um dieses Ziel zu erreichen, braucht es zunächst einmal ein gutes Instrument, ein Instrument, mit dem ich frei bin, um zu singen. In dieser Hinsicht wäre ich besser Oboist geworden, denn Oboen sind grundsätzlich zum Singen gebaut. Der Nachteil an diesen Instrumenten ist die zweifache Berufstätigkeit. Denn Oboen-Spieler müssen nicht nur Musiker, sondern auch gute Handwerker sein. Sie sind ständig intensiv damit beschäftigt, die für ihr Instrument besten Blätter fürs Mundstück zu schnitzen. Die gibt es nämlich nicht wie für Klarinetten schon fertig zu kaufen, damit man sie binnen Sekunden einsetzen kann. Nein, das Verfeinern und Optimieren des Rohmaterials erfolgt dank eigener langer Erfahrung und ist eine Kunst für sich. Das dauert und dauert. Nichts für mich!

Das Verhältnis zu meiner Klarinette lässt sich mit sehr einfachen und wenigen Worten beschreiben: Sie ist mein Freund. Und wie behandelt man enge Freunde? Mit Liebe und Respekt. Wie gesagt, ich kann den ganzen Tag ununterbrochen spielen. Wenn meine Kinder oder Enkel ständig reden und mich mit Fragen und Bitten überhäufen, sage ich manchmal scherzhaft zu ihnen: Wo kann man bei euch den Stecker herausziehen, damit ihr mal Ruhe gebt? Dabei bin ich genauso! Vielleicht sogar schlimmer. Ich kann einfach nicht aufhören zu spielen. Ich kann ja auch nicht aufhören zu atmen. Wenn ich Klarinette spiele, dann lebe ich. Dann bin ich frei.

Deshalb ist es für mich völlig unfassbar, dass so viele Musiker am Tag nach dem Ende ihrer beruflichen Laufbahn mit dem Spielen aufhören und ihr Instrument verkaufen. Wie oft habe ich das erlebt, selbst bei Freunden, die sich als Berufsmusiker über Jahrzehnte hinweg tagtäglich stundenlang ihrem Instrument widmeten.

Meine Klarinetten stammen schon immer aus dem traditionsreichen Haus *Buffet Crampon*, das in Paris ansässig ist und seit 1825 hochwertige Instrumente baut, die von vielen Berufsmusikern, so auch von meinem Vater, gespielt wurden und werden. Oft werde ich gefragt, was es denn mit der

»gläsernen« Klarinette auf sich habe, die ich bei einigen Gelegenheiten spiele. Das Geheimnis dieses Instruments ist das Material, aus dem es gefertigt ist: Kunststoff. Dadurch ist dieses Instrument wesentlich robuster als eine herkömmliche Klarinette. Und da ich häufig bei Gelegenheiten auftrete, wo die äußeren Umstände wie Temperatur und Luftfeuchtigkeit zu extrem für ein wertvolles Holzblasinstrument sind, greife ich bei solchen Konzerten gern zu dieser Klarinette.

Auch zu Hause spiele ich oft auf ihr. Wenn ich sie jedoch vor Publikum spiele, befürchte ich manchmal, die Menschen hören nicht mehr richtig zu, sondern machen sich wahrscheinlich Gedanken darüber, ob das Instrument womöglich aus Kristallglas sei. Seit einem Fernsehauftritt, bei dem ich die Kunststoffklarinette dabeihatte – und das ist schon Jahre her –, bekommt mein Manager immer noch Anfragen, wo dieses Modell zu erwerben sei.

Mich verstören solche Anfragen. Das Wichtigste ist doch, sich auf die Musik einzulassen und nachzuspüren, was sie mit uns macht. Dabei war das Kunststoff-Instrument noch nicht einmal teuer, vierhundert D-Mark hat es damals gekostet. Ich kaufte die Klarinette auf Wunsch des Regisseurs, als ich in dem Stück *Der Rattenfänger von Hameln* in Dortmund auf der Bühne stand. Dieses Instrument gibt es im Handel tatsächlich nicht mehr zu kaufen, es wurde vom Markt genommen.

Vor einiger Zeit habe ich wieder einmal meine geliebte Klarinetten-Manufaktur in Paris besucht und probierte in einem der eigens dafür eingerichteten Räume verschiedene Instrumente aus, als ich einen gewissen Missklang hörte. Ein paar Zimmer weiter spielte ein Kollege, natürlich nicht falsch, doch die Klarinette passte nicht zu der Musik, die er spielte. Ohne groß nachzudenken, ging ich hinüber zu ihm, klopfte an seine Tür und trat ein. Mit der Frage, ob ich ihm helfen könne, stellte ich mich zu ihm. Der junge Mann kannte mich wohl und war überaus erstaunt, mich dort zu sehen. Voller Freude nahm er mein Angebot an. Ich spielte ihm sodann unterschiedliche Instrumente vor und unterstrich mit meiner Spielweise und einigen kleinen Erklärungen die jeweiligen Eigenarten der unterschiedlichen Instrumente. Schlussendlich kaufte er dann die Klarinette, die ich ihm ans Herz gelegt und empfohlen hatte. Und das Allerschönste: Einige Tage später rief der Musiker mich an – ich hatte ihm meine Mobilnummer gegeben, es war eine so intensive Begegnung gewesen – und erzählte mir, seine Frau habe gesagt, er sei völlig verändert seit seinem Besuch in Paris.

Noch wichtiger als das Instrument selbst ist für jeden Klarinettisten das Mundstück. Im Zusammenspiel mit dem Instrument und dem Blatt gibt jedes Mundstück der Musik eine charakteristische Färbung. Letztlich ist es wie bei einem Trio, einem Quartett oder einem ganzen Orchester: Alles muss zusammenpassen, muss zu einer Einheit werden, damit eine angemessene Ausdrucksfähigkeit erreicht wird.

Regelmäßig besuche ich die wunderbare Manufaktur *Pomarico* in Cernusco Lombardone; das liegt in Norditalien zwischen Como und Bergamo. Dort werden die Mundstücke für meine Klarinetten gefertigt. In enger Abstimmung mit dem Inhaber Giorgio Clerici haben wir Mundstücke für Klarinette und Bassklarinette entwickelt, die mein Bedürfnis nach Freiheit im Ausdruck am besten erfüllen, darunter ein Mundstück aus Kristall, das meinen Namen trägt. Welch eine Auszeichnung für mich!

Als ich im vergangenen Sommer dort war, traf ich einen Kollegen, der in einem großen, bekannten Orchester spielt. Er bat mich bei der Wahl eines neuen Mundstücks um meinen Rat. Ob der Klang des einen oder des anderen Mundstücks besser sei, fragte er mich. Ganz einfach, antwortete ich ihm: Das eine ist passend für einen Klarinettisten, das andere für einen Künstler. Erst war der Kollege irritiert, doch dann wählte er das »Künstler-Modell«. Es ist doch ganz einfach: Mein Atem muss fließen können, dann ist es das »richtige« Mundstück. Das gilt auch für die Blätter – ich spiele am liebsten mit Blättern des Pariser Unternehmens *Vandoren*. Der Gründer Eugène van Doren war zu Beginn des 20. Jahrhunderts übrigens Klarinettist im Orchester der Pariser Oper. Damals mussten die Musiker ihre Blätter noch selbst herstellen, und weil die Blätter von van Doren so wunderbar klangen, baten ihn seine Orchesterkollegen, ob sie nicht mit Blättern spielen könnten, die er hergestellt hatte. Das war der Grundstein eines sehr erfolgreichen Unternehmens.

Meine Konzerte beginnen still und leise – und genauso klingen sie aus. *Silence you use – sound you produce* ist meine Maxime. Jede erste Note eines Konzerts ist in Wahrheit die zweite Note. Die erste ist Ruhe. Beiden Noten hören wir zu, und wenn der Klang in der Luft ist, bedeutet das nicht, dass die Ruhe zu Ende ist. Ruhe ist unendlich. Wenn wir spielen, müssen wir mit dieser Ruhe verbunden sein als einem Teppich, auf dem dieser Klang läuft. Stille ist stärker als Musik, oder nicht? Ist es nicht seltsam, wenn ein Musiker so etwas sagt? Wir nehmen das eine nur wahr, weil es das andere gibt …

Auf der Museumsmeile in Bonn spielte ich vor einigen

Jahren. Es war eine Open-Air-Veranstaltung, 900 Zuhörer waren gekommen, nicht weit von der Bühne entfernt führte eine Hauptstraße vorbei – und dennoch herrschte eine unglaublich tiefe Ruhe, die stärker war als die Verkehrsgeräusche. Ich spielte und konzentrierte mich dabei ganz auf meinen Atem.

Stille umgab mich.

Ein Pferdchen und
viel Musik

Es ist die göttliche Stimme in uns,
die sich schon mit dem ersten Schrei in der Wiege
Gehör verschaffen möchte.

Die Jahre der Kindheit sind prägende Jahre. Die Erlebnisse und Erfahrungen der frühen Zeit wurzeln tief in unserer Seele und begleiten uns ein Leben lang.

Ich bin in Buenos Aires geboren – am 25. März 1936. Kein Frühlingskind, wie man hier in Europa allzu rasch schlussfolgert, sondern ein Kind des Herbstes.

Bis zu meinem einundzwanzigsten Lebensjahr lebte ich in Buenos Aires, in Argentinien, und diese Zeit hat mich zu dem gemacht, was ich heute bin.

Als ich zur Welt kam, hatte Buenos Aires gut 2,3 Millionen Einwohner. Es war nicht nur die Hauptstadt Argentiniens, sondern auch das wirtschaftliche und kulturelle Zentrum des Landes und eine der wichtigsten Metropolen Südamerikas.

Wir wohnten in der Planes 1417 im *Barrio Caballito* – *Caballito* ist das Pferdchen, und eine Legende erzählt, der Name gehe auf eine Gaucho-Bar dieses Namens zurück. Unverkennbar argentinisch!

Viele Häuser in unserem Stadtteil stammten vom Ende des 19. Jahrhunderts. Außer den großen Boulevards verliefen die meisten Straßen rechtwinklig zueinander, und das Viertel war dicht bebaut. Die Entwicklung des Viertels war eng verbunden mit der Entwicklung Argentiniens, das zwischen 1880 und 1930 einen Einwanderungsboom erlebte. Vornehmlich Italiener und Spanier, aber auch Juden aus Osteuropa kamen über den Atlantik. *Caballito* war ein junges, gepflegtes und für damalige Verhältnisse recht modernes Stadtviertel. In der Nähe gab es zwei Parks, der größere

Das älteste Bild, das es von mir gibt. Es wurde im Februar 1937 aufgenommen; ich war gerade elf Monate alt. Der junge Mann mit Krawatte ist mein Bruder Sergio, der damals zwölf Jahre alt war.

der beiden war der *Parque Centenario;* er war 1910 zum hundertsten Jahrestag der Unabhängigkeit Argentiniens angelegt worden. Der kleinere war der *Parque Rivadavia.* Unweit davon endete die U-Bahn-Linie A. Sie war 1913 die erste U-Bahn-Linie der Welt, die südlich des Äquators gebaut wurde. Kurz: Ich wuchs in einem beliebten und durchaus wohlhabenden Stadtteil auf.

Die Zeit, in die ich hineingeboren wurde, war von politischen Spannungen geprägt. Die Dreißigerjahre waren die *década infame* – es regierte eine konservative Clique, die mit Hilfe des Militärs die Macht erobert hatte; Vetternwirtschaft und Wahlbetrug schürten die Unzufriedenheit im Land, bis Anfang der Vierzigerjahre ein junger Offizier mit

Namen Juan Domingo Perón sich anschickte, die innere Zerrissenheit des Landes zu überwinden.

Auch ich habe etwas von diesen schwierigen Verhältnissen mitbekommen. Meine Kindheit war bei weitem nicht so unbeschwert, wie es das Leben in einem relativ wohlhabenden, großen Haushalt mit Dienstpersonal vermuten lässt. Denn ab und zu musste ich diesen geschützten Raum verlassen.

Bis 1955 war der römische Katholizismus Staatsreligion in Argentinien. Neun von zehn Personen waren katholisch, und der katholische Einfluss auf die Gesellschaft war sehr stark. Als Juden waren wir eine wenig geschätzte Minderheit.

Mit sechs Jahren wurde ich eingeschult. Mangels Alternativen besuchte ich die folgenden sechs Jahre eine katholisch geprägte Jungenschule. Einmal in der Woche kam ein Priester, um uns den katholischen Glauben nahezubringen. Wenn der Geistliche wieder weg war, schlugen mich meine katholischen Mitschüler, denn der Priester erzählte unter anderem immer wieder, dass die Juden Jesus getötet hätten.

Auch andere Dinge machten mir das Leben in dieser katholisch geprägten Umgebung schwer. Nachdem ich eines Tages auf der Schultoilette beim Urinieren beobachtet wurde und die Kinder feststellten, dass ich durch meine Beschneidung anders aussah als sie, wurde ich verhöhnt und ausgegrenzt. Mit der Konsequenz, dass ich mich auf Jahre nicht mehr getraut habe, in der Schule die Toilette zu benutzen. Es ist nicht gerade leicht, stundenlang einzuhalten; meine Blase war gut trainiert.

Ich erinnere mich auch, dass sich bei Schulbeginn nach den Sommerferien alle Schüler in der Aula versammelten, um das neue Schuljahr feierlich zu begrüßen. Als der Priester kam, bekreuzigten sich alle Kinder – und ich bekreuzigte mich auch, denn ich wollte kein Außenseiter sein. Anschließend habe ich mich geschämt – nicht, weil ich dazugehören wollte, sondern weil ich meine Religion verleugnet hatte.

Mit zwölf kam ich dann auf ein Gymnasium, auf dem Jungen und Mädchen gemeinsam unterrichtet wurden. Dadurch wurde manches einfacher und besser, denn Jungen benehmen sich nicht ganz so furchtbar, wenn Mädchen dabei sind.

Es muss irgendwann in meiner Grundschulzeit gewesen sein, dass ein Schiff im Hafen von Buenos Aires ankerte, mit dem jüdische Kinder aus Europa in Sicherheit gebracht werden sollten. In der jüdischen Gemeinde herrschte frohe Erwartung, alle wollten helfen. Auch meine Eltern hatten sich entschlossen, eines der Kinder aufzunehmen und es, wenn nötig, zu adoptieren. Doch die Kinder durften nicht von Bord. Nach langem Gezerre lichtete das Schiff den Anker und verließ den Hafen. Ich weiß bis heute nicht, wohin dieses Schiff fuhr und was aus den Kindern wurde, und der Gedanke an diese unschuldigen Geschöpfe schnürt mir immer noch den Hals zu. Der Antisemitismus war damals in Argentinien auch im öffentlichen Bereich verbreitet.

Meine frühesten Erinnerungen reichen indes weiter zurück als bis in meine Schulzeit.

Bald nach der Geburt von Sergio, der am 1. Februar 1925 geboren wurde, wollten meine Eltern ein zweites Kind, doch es hat einfach nicht mehr geklappt. Mehr als ein Jahrzehnt mussten sie auf mich warten. Als ich selbst etwa drei Jahre alt war, war meine Mutter wieder schwanger. Eines Tages, das muss irgendwann um den errechneten Geburtstermin gewesen sein, wurde sie krank. So glaubte ich damals zumindest; vielleicht hatte sie auch starke Wehen und musste sich daher mehrmals übergeben. Mein Vater war sehr aufgeregt, und die beiden fuhren gemeinsam ins Krankenhaus. Doch meine kleine Schwester wurde tot geboren, und meine Mutter kehrte nach einigen Tagen tieftraurig nach Hause zurück. Das alles muss so schlimm gewesen sein, dass ich mich an die Zeit danach überhaupt nicht mehr erinnern kann. Hier klafft eine große Lücke in meinem Gedächtnis.

Obwohl wir keine einzige Stunde mit unserem Geschwisterkind hatten, spielte diese Schwester trotzdem eine große Rolle in unserem Familienleben. Es wurde immer wieder an sie erinnert, und ich vermisse sie bis heute. Ich hoffte immer, ihre Seele irgendwo zu treffen, und vor dreißig Jahren hatte ich in einem Ashram in Massachusetts das Gefühl, ihr in Person einer jungen Frau zu begegnen. Das war ein sehr berührender Moment für mich, die Energie zwischen uns war fast mit Händen zu greifen.

Als ich ein kleiner Junge war, lebten die Brüder und Schwestern meiner Mutter, meine Tanten und Onkel, mit ihren Familien ebenfalls in Buenos Aires. Alle wohnten relativ nah beieinander. Mein Großvater starb ziemlich früh, und nach seinem Tod kümmerten sich Mama und ihre Geschwister sehr intensiv um ihre Mutter. Und unsere Großmama kümmerte sich um uns. Mit meinen Cousinen und Cousins blieb ich manchmal über Nacht bei ihr, sie passte auf uns alle auf, und Mama und ihre Schwestern gingen aus – alle zusammen waren sie leidenschaftliche Kinogänger.

Für ein kleines Nickerchen zwischendurch oder unseren Mittagsschlaf stellte unsere Großmama zwei breite Stühle so zusammen, dass die beiden Sitzflächen die perfekte Liegefläche für eines ihrer Enkelkinder boten. Nur bei meiner Großmama habe ich auf diese Weise geschlafen, das war ausgesprochen gemütlich.

In meiner Erinnerung war immer alles da, es herrschte nie Mangel im Haushalt meiner Großeltern. Erwartete Großmama vier Personen zum Essen und es kamen dann doch überraschend sieben oder acht Leute zusammen, wurden trotzdem alle satt.

Großmama war eine hervorragende Köchin; zum Mittagessen gab es immer die traditionellen Gerichte der osteuropäischen Küche.

Ich erinnere mich an eine Tournee – oder war es ein einzelnes Gastspiel? – in Russland. Wir mussten jedenfalls eine ganze Nacht lang mit dem Zug durch die Provinz fahren. Gegen drei Uhr morgens hielten wir an einem gottverlassenen winzigen Bahnhof. Dort standen uralte, kleine, ärmlich gekleidete Frauen, die etwas zu essen verkauften. Was soll ich sagen: Die von ihnen mit ganz viel Liebe zubereiteten Knisches, das sind gefüllte Teigtaschen aus der osteuropäisch-jüdischen Küche, die sogar noch warm waren, schmeckten so köstlich wie die von Großmama. Es war wunderbar!

Über meine Eltern weiß ich leider viel zu wenig. Sie sprachen so gut wie nie von ihrem Leben. Sie haben mir beispielsweise nie erzählt, wo und wann sie sich kennengelernt haben. Meine Mutter war eine sehr strenge, doch zugleich liebevolle und gütige Frau. Ordnung musste herrschen, das war ihr ganz wichtig. »Pass auf, dass deine Hosen nicht schmutzig werden!«, diesen Satz hörte ich ständig während meiner Kindheit. Ach, was sage ich, eigentlich immer.

Einmal, ich muss etwa vierzehn Jahre alt gewesen sein,

kamen mein Vater und ich wie immer sehr spät von einer Hochzeitsfeier nach Hause zurück. Als wir die Haustür öffneten, wurden wir von einem herrlichen Duft empfangen. Meine Mutter hatte an dem Tag Vanillekipferl gebacken. Wir waren völlig ausgehungert von dem langen Auftritt und stürzten uns wie die Wölfe auf die köstlichen Plätzchen. Bis auf den letzten Krümel vertilgten wir das Gebäck. Als Mama am nächsten Morgen herunterkam und feststellte, dass ihre mit liebevoller Mühe hergestellten Kekse alle weg waren, wurde sie sehr wütend und beschloss, beim nächsten Mal die Hälfte der Süßigkeiten vor uns zu verstecken. Was sie auch tat – leider vergaß sie dann allerdings, dass sie etwas versteckt hatte. Erst zu *Pessach,* als das ganze Haus auf den Kopf gestellt und gründlich geputzt wurde, entdeckte sie die völlig verschimmelten Süßigkeiten. *Chametz,* das vergessen und später entdeckt wird, darf nicht mehr genutzt werden und wird deshalb weggeworfen. »Hättest du uns die Köstlichkeiten doch besser gleich genießen lassen«, so zogen Papa und ich sie auf. Noch Jahre später lachten wir darüber.

In unserer Familie wurde übrigens – wir lebten ja in Buenos Aires – spanisch gesprochen. Nur wenn meine Eltern etwas bereden wollten, was wir Kinder nicht verstehen sollten, wechselten sie ins Jiddische. Deswegen verstehe ich gerade diese Sprache wohl auch so gut!

Die Schattenseite meiner Kindheit, meiner Jugend, eigentlich meines gesamten Lebens bis in die Achtzigerjahre des vergangenen Jahrhunderts hinein war meine schweres Augenleiden.

Grob gesagt handelt es sich um ein Augenzittern, das es mir bis heute unmöglich macht, meine Pupillen zu fokussieren und scharf zu sehen. Die Fachleute nennen dies *Nystagmus*. Ich habe diesen Defekt wahrscheinlich von meinem Großvater geerbt. Als ich ein Kleinkind war, hat es niemand erkannt. Ich ging ja nicht in einen Kindergarten, und erst als ich in die Schule kam, wurde klar, dass irgendetwas mit meinen Augen nicht stimmt. Denn obwohl ich in der ersten Reihe saß, konnte ich nicht erkennen, was auf der Tafel stand. Oft musste ich zu meinem Missvergnügen am Lehrertisch Platz nehmen. Als man die Sehschwäche dann bemerkt hatte, rannten meine Eltern mit mir jahrelang von einem Spezialisten zum nächsten, doch wirklich helfen konnte mir keiner.

Es war schrecklich für mich und meine ganze Familie. Mein Vater und meine Mutter versuchten wirklich alles möglich zu machen, um mir das Leben zu erleichtern. Doch außer flaschenbodendicken Brillengläsern, die mir verschrieben wurden, aber nur ein klein wenig halfen, war keiner ihrer Versuche von Erfolg gekrönt. Es gab einfach kein Mittel dagegen, die Wissenschaft stand noch am Anfang ihrer Forschungsarbeit.

Öfter einmal fiel ich eine Treppe hinunter, stieß an Tische oder Schränke. Mein Vater wollte deshalb ursprünglich nicht, dass ich Musiker werde. Ich konnte ja die Noten auf dem Blatt nicht richtig erkennen. Und sicherlich machte er sich furchtbare Sorgen, dass ich immer auf Hilfe angewiesen sein würde. Im Rückblick war das Problem für meine Eltern wahrscheinlich größer als für mich.

Wegen der riesigen Brille wurde ich von meinen Mitschülern und den Kindern in der Nachbarschaft »vier Augen« genannt. Kinder können so grausam sein. Auch deshalb hatte ich keine Freunde in der Schule – sehr zu meinem Leidwesen. Glücklicherweise war es nachmittags anders, und ich war nicht so isoliert wie während der ersten Tageshälfte. Wenn ich aus der grässlichen Jungenschule kam, bekam ich erst einmal ein Mittagessen, und dann erschien auch schon mein Hauslehrer. Wegen meiner Leseschwierigkeiten musste ich mit ihm jeden Tag für etwa eineinhalb Stunden den Schulstoff nacharbeiten. Und dann ging ich mit meinen Freunden nach draußen spielen. Meine drei Freunde wohnten in der Nähe unseres Hauses; zwei waren Juden und einer war Christ. Warum ich das erwähne, weiß ich selbst nicht, denn damals war es mir ebenso gleichgültig wie heute. Und unseren Nachbarn auch. Wie auch immer: Genau gegenüber lebte Raúl, auch unsere Eltern verkehrten miteinander, meine Mutter schickte ab und zu einen Kuchen über die Straße. Das machte man so in dieser sehr netten, hilfsbereiten Nachbarschaft. Mit Hilfe von Raúl konnte ich übrigens trotz meiner Sehschwäche Fahrrad fahren. Er fuhr einfach vor, und ich folgte ihm »blind«. Meistens hat das geklappt …

Erst um 1982 herum fand ich in New York bei *Lighthouse International* einen Optiker, der eine phantastische Spezialbrille eigens für mich anfertigte. Seither ist alles anders! Mit meiner Brille sehe ich beim Lesen die Schrift achtfach vergrößert, mein rechtes Auge will aber trotzdem nicht so wie ich, daher lese ich nur mit dem linken. Und auch jetzt, obwohl meine Augen dank meiner Hilfsmittel bei weitem nicht mehr so schnell ermüden wie früher, ist es nicht immer einfach. Inzwischen habe ich einen anderen, ebenfalls großartigen Optiker, einen arabischen Israeli, der mir sehr ans Herz gewachsen ist. Er ist ein guter Freund und einfach phänomenal in seinem Beruf. Mit den Jahren habe ich gelernt, mit dieser Einschränkung zu leben, und wenn ein Fotograf zu mir sagt, dass ich in seine Richtung

blicken soll, frage ich ihn: »Mit dem linken oder dem rechten Auge?«

Heute weiß ich, dass Gott mir diese Probleme gegeben
hat, damit ich nicht nach außen schaue, sondern nach innen.
Je älter ich werde, desto besser geht das. Ich könnte also
behaupten, dass ich umso besser sehe, je älter ich werde.

Aber eigentlich waren wir bei meinen Eltern: Natürlich
waren sie nicht perfekt und machten auch Fehler, aber welche Eltern tun das nicht? Wir sind doch alle nur Menschen.
Sie gaben sich immer die allergrößte Mühe mit ihren beiden
Söhnen und liebten uns über alles – und allein das zählt.
Damit sie Sergio und mir alljährlich sorgenfreie und ent-
spannte Ferientage bieten konnten, haben sie irgendwann

links: *Meine Mutter und ich während der Sommerfrische in Mar del Plata, Anfang der Fünfzigerjahre.* rechts: *Als junger Mann Mitte der Fünfzigerjahre auf der Strandpromenade von Mar del Plata, wo ich den Sommer in der Ferienwohnung meiner Eltern verbrachte.*

in Mar del Plata eine großzügige Ferienwohnung gekauft. Der Ort liegt – wie der Name schon sagt – direkt am Meer, etwa vierhundert Kilometer südöstlich von Buenos Aires entfernt. Mar del Plata ist seit dem Ende des 19. Jahrhunderts einer der beliebtesten Ferienorte Argentiniens; alljährlich in den Sommermonaten zieht es die Massen aus Buenos Aires an die breiten Strände des mondänen Seebades.

Um unseren Urlaubsort möglichst schnell und bequem zu erreichen, nahmen meine Mutter und ich meist den Express-Zug. Sergio kam nur selten mit, er war damals schon erwachsen und arbeitete. Und auch meinem Vater war es nicht möglich, die gesamten Schulsommerferien am Meer zu verbringen. So reiste er zumeist, um Zeit zu sparen, mit

Dieses Bild wurde 1954 während eines Aufenthalts in Mar del Plata aufgenommen – auf dem Sozius einer meiner Cousins; er war der Sohn einer Schwester meines Vaters.

dem Flugzeug an und kehrte einige Wochen früher als wir nach Buenos Aires zurück.

Als ich schon etwas älter war, verbrachte ich einige Tage allein in unserem Ferienappartement – das heißt, allein war ich natürlich nicht. Zusammen mit einigen Freunden machten wir uns dort ein paar schöne Tage, und dazu gehörte auch etwas Bier. Meine Eltern waren wenig erfreut, als sie die leeren Flaschen vorfanden, die ich vergessen hatte wegzuräumen. Alles in allem führten wir in jenen Jahren ein sehr komfortables Leben, doch wirklich reich waren wir nicht.

Mein Vater spielte bei Hunderten von Hochzeiten und hatte unzählige andere Engagements, bei denen er gut verdiente. Um den Überblick zu bewahren, hatte er einen Schlagzeug-Kollegen sozusagen als »Teilzeit-Privatsekretär« eingestellt. Der kümmerte sich um den organisatorischen Teil – alle die Auftritte mussten ja koordiniert werden – und auch um die Finanzen. Aber er war in dem Sinne kein Manager oder kannte sich gut aus mit Finanzgeschäften. Das war alles vergleichsweise laienhaft, genügte meinem Vater aber völlig. Sein Ansinnen war einzig, Musik zu machen und mit dem verdienten Geld seiner Familie ein angenehmes Leben zu ermöglichen. Reich zu werden interessierte ihn nicht.

Genauso bin ich auch. Ich habe keine Ahnung, ob ich viel oder wenig Geld verdiene. Und ich weiß auch nicht, was mit dem Geld passiert. Darum kümmern sich andere, und genau so soll es sein. Es wäre furchtbar für mich, wenn ich mir über solche Dinge Gedanken machen müsste.

Der *Schabbat* spielte in unserer Familie keine Rolle; die religiösen Traditionen wurden von meinen Eltern nicht gepflegt. Anders als im Hause meiner Großmutter, die jeden Freitag die traditionellen Gebete sprach und die uralten Segensworte sprach, bevor sie die *Schabbat*-Kerzen anzündete: »Gelobt seist Du, Ewiger, unser Herr, König der Welt, der uns mit seinen Geboten geheiligt und uns befohlen hat, das *Schabbat*-Licht anzuzünden.«

Lediglich zu hohen Feiertagen wie *Jom Kippur,* dem Sühnefest, oder *Rosch ha-Schana,* dem jüdischen Neujahrsfest, gingen meine Mutter und mein Vater in die Synagoge.

Wenn ich mich heute am Freitagabend oder samstags in Tel Aviv oder Jerusalem aufhalte, genieße ich die *Schabbat*-Ruhe sehr. Die Menschen gehen besonders sorgfältig gekleidet zum Gottesdienst. Am *Schabbat* erinnern wir Juden

Meine Eltern mit meiner Großmutter mütterlicherseits, die zeit ihres Lebens jiddisch sprach.

uns daran, dass die Welt nicht uns gehört und wir mit ihr nicht tun können, was uns beliebt, sondern dass sie von Jahwe geschaffen wurde. *Schabbat* ist für viele Juden eine Insel der Ruhe. Für mich gilt das inzwischen auch. Und das genieße ich sehr.

Ich denke heute oft zurück an die kleinen Momente im Alltag, an besonders schöne Dinge aus meiner Kindheit und Jugend. Als ich vor einer Weile eine Tournee durch Osteuropa machte, wurde ich oft an die lebhafte Atmosphäre in den Kaffeehäusern meiner Heimatstadt Buenos Aires erinnert. Damals spielte in jedem besseren Etablissement ein kleines Orchester, um die Gäste zu unterhalten – genauso wie in Europa, und diese Tradition hat sich bis heute vielfach in Polen, in Moldawien, der Ukraine und Russland erhalten. Wie oft ist es mir dort passiert, dass ich morgens aus meinem Hotelzimmer zum Frühstück in den Speisesaal kam und mich dort eine Harfenistin mit ihrem zauberhaften Spiel erfreute. Es war jedes Mal eine wunderbare Begrüßung, und das Frühstück schmeckte doppelt gut.

Doch zurück nach Buenos Aires: Mein erstes Engagement hatte ich mit etwa dreizehn Jahren – als Sohn von Leo Feidman begann ich, auf Hochzeiten zu spielen. Mein Bruder Sergio begann seine Karriere auf dieselbe Weise, doch letztendlich war ich derjenige, der meinen Vater öfter begleitet hat. Sergio war ein besonderer Musiker, aber mir lag die Klezmer-Musik mehr im Blut als ihm. Für ihn stellte das kein Problem dar, Sergio war stolz auf seinen kleinen Bruder, das hat er immer wieder gesagt. Manchmal hat er sogar ein bisschen angegeben mit mir und im Beisein von anderen Leuten geschwärmt: »Schaut mal, der tolle Musiker ist mein Bruder!« Schön war das. Da er so viele Jahre älter war als ich, fühlte ich mich eigentlich wie ein Einzelkind, und Sergio war wie ein halber Vater für mich.

Meine ersten Schritte als Musiker, der auf Familienfeiern spielte, waren nicht ungewöhnlich. Mein Großvater und mein Vater hatten es genauso erlebt. Und tatsächlich gibt es Familien, bei denen ich zur Hochzeit gespielt habe, mein Vater zur Hochzeit der Eltern und mein Großvater zur Hochzeit der Großeltern. Unglaublich, oder nicht?

Mein Vater war ein kleiner Junge, als er begann, mit meinem Großvater öffentlich aufzutreten – als Schlagzeuger bei Feierlichkeiten im *Shtetl.* »Wenn du dreihundert Leute dazu bringst, mit dem Essen aufzuhören und stattdessen zu deiner Musik zu tanzen, bist du auf dem richtigen Weg!«, hieß es bei uns immer. Aus jener Zeit stammt auch ein Bonmot, das ich noch heute gern zitiere: »Was ist der Unterschied zwischen einem klassischen Musiker und einem Klezmer-Musiker? Der Künstler, der klassische Musik vorträgt, beginnt erst zu spielen, wenn Ruhe ist; wenn jedoch der Klezmer spielt, dann ist Ruhe!«

Wie auch immer – mein Vater und ich hatten genug zu tun. Wenn wir dann nach Hause kamen nach vielen Stunden, konnten wir unseren Smoking regelrecht auswringen, so nassgeschwitzt waren wir.

Zwei Dinge kamen zusammen, die unseren Erfolg ausmachten: Zum einen war mein Vater der anerkannteste Klezmer in Buenos Aires, ach, was sage ich, in Argentinien, vielleicht sogar in ganz Südamerika! Ein unglaublicher Klarinettist und Saxophonspieler. Zum anderen war die jüdische Gemeinde riesengroß, und in irgendeiner Familie fand immer ein großes Fest, eine Hochzeit oder eine *Bar Mizwa* statt – und diese Feste dauerten oft mehrere Tage und brauchten natürlich musikalische Begleitung. Es gibt unzählige traditionelle Tänze und Weisen, die überschäumend freudig oder traurig-melancholisch solche Familienfeste begleiten.

Als ich begann, mit meinem Vater als Klezmer aufzutreten, das war gegen Ende der Vierzigerjahre, lebten etwa eine halbe Million Juden in Buenos Aires – es war die größte jüdische Gemeinde in Südamerika und nach New York und Los Angeles die drittgrößte in der Diaspora. Juden von überallher hatten sich hier zusammengefunden: orientali-

Mein Vater mit dem Leo-Feidman-Orchester; leider ist das Bild nicht zu datieren.

sche, sephardische und aschkenasische. Also Juden, die aus Portugal und Spanien, aus Nordafrika und aus West- und Osteuropa geflohen waren und in Südamerika einen sicheren Ort zum Weiterleben gefunden hatten. Es war eine bunte, vielfältige Mischung. Aber alle wollten hin und wieder Musik hören. Kein Wunder, dass wir so gefragt waren!

Als ich etwa sechzehn Jahre alt war, trat ich zum ersten Mal allein ohne meinen Vater bei einer Hochzeit auf. Und das kam so: Mein Vater galt damals als der berühmteste Klezmer weit und breit. Alle wollten ihn auf ihren Familienfeiern haben. Bis zu zwei Jahre im Voraus war Leo Feidman ausgebucht. Es ging so weit, dass Verlobte sich bei ihm erkundigten, wann er im kommenden oder im darauffolgenden Jahr frei wäre. Dann legten sie die Hochzeitsfeier auf den Tag, den mein Vater ihnen nannte. Einmal musste eines der Paare mit dem Termin durcheinandergekommen sein, denn als die Hochzeitsfeier beginnen sollte, waren alle da, nur nicht mein Vater, den sie doch so lange vorher engagiert hatten. In seiner Verzweiflung machte sich das Brautpaar persönlich auf den Weg und klingelte kurze Zeit später bei uns zu Hause. Nur war mein Vater leider nicht da, er spielte woanders. Also fuhr ich statt seiner mit den Eheleuten in ihrem Auto zum Fest. Vor Ort telefonierte ich dann hektisch und erreichte tatsächlich einige Kollegen meines Vaters. Es wurde eine ganz schöne Feier, die Gäste waren offensichtlich sehr zufrieden mit mir!

Mein Vater (Mitte) mit seinen Söhnen Sergio (hinten) und mir (vorn) auf einer Hochzeit im Jahr 1952.

Denke ich an die damalige Zeit, fällt mir eine Besonderheit ein: Um auch armen Leuten eine unvergessliche Hochzeitsfeier zu ermöglichen, finanzierten eigens dafür gegründete jüdische Wohlfahrtsverbände deren Festivitäten. Gibt es so etwas heutzutage noch? Jedenfalls befürwortete mein Vater diese Initiativen sehr und unterstützte sie nach Kräften, indem er – oft begleitet von Sergio und mir – umsonst auf diesen Festen spielte. Zwar war unsere Familie nicht sehr religiös, doch uns allen war klar, dass unser Gratisauftritt eine *Mizwa* war, eine religiöse Pflicht und gute Tat. Und die leisteten wir immer wieder sehr, sehr gern und spielten aus vollem Herzen. Eine für mich prägende Erfahrung, denn die »gute Tat« war eben nichts Besonderes oder Außergewöhnliches, über das stundenlang mit stolzgeschwellter Brust geredet wurde. Sie war eine Selbstverständlichkeit; in ihr erfüllte sich ein Leitspruch meines Vaters, und der lautete: Sei ein Diener der Gesellschaft. Punkt.

Etwas anderes war ihm ebenfalls sehr wichtig. Gut erinnere ich mich, wie er mir immer wieder erklärte, dass es überaus wichtig sei, mit Lust und Freude zu spielen. Natürlich war auch ihm, der ein exzellenter Lehrer war, bewusst, dass ich mich durch ständiges Wiederholen (andere nannten das »üben«, nicht aber mein Vater!) verbessere, aber Zwang wurde niemals ausgeübt. »Es gibt Dinge, die man mit fünfzehn Jahren machen sollte«, hörte ich Papa regelmäßig sagen, und dann schickte er mich zum Fußballspielen hinaus oder drückte mir Geld für einen Kinobesuch in die Hand. Er hat unser aller Leben geprägt. Diese Lust am Leben, am Machen und Tun, war für meine Mutter von Zeit zu Zeit sicher sehr anstrengend.

Ich weiß noch, meine Eltern lebten schon längst in Tel

Aviv, wie ein Zirkus aus Argentinien in Israel gastierte. Mein Vater arbeitete damals als freier Musiker, und er wurde vom Trompeter des Zirkusorchesters kontaktiert. Die beiden kannten sich aus Buenos Aires, und der Zirkusmusiker erzählte Papa, dass der Klarinettist ausgefallen sei, und fragte, ob Leo eventuell einspringen könnte. Natürlich konnte er! Mein Vater war begeistert, in einem Zirkusorchester hatte er noch nie gespielt. Das klappte wohl alles wunderbar, denn irgendwann wollte die Truppe weiterziehen zu einem Gastspiel auf Zypern. Und mein Vater entschied sich mitzugehen. Meine Mutter musste natürlich auch mit, da duldete er keinen Widerspruch. Für sie war das grundsätzlich in Ordnung, doch vor Ort war sie nicht mehr so begeistert. Es stellte sich nämlich heraus, dass die Orchestermusiker wie alle übrigen Zirkusmitarbeiter in äußerst spartanischen Wohnwagen hausten. Wie das nun mal so üblich ist. Nach zwei Monaten hatte meine Mutter genug, sie erklärte meinem Vater: »Und jetzt ist Schluss! Ich will nicht mehr direkt neben dem Tigerkäfig wohnen.« So reisten die beiden wieder nach Israel und kehrten in ihre gemütliche Wohnung zurück. Aber mein Vater hatte einen schon seit vielen Jahren laufenden Wettbewerb zwischen uns beiden vorläufig gewonnen. Wir beide hatten nämlich den Ehrgeiz, überall zu spielen: heute Hochzeit, morgen Oper, übermorgen Kibbuz. Beim Zirkus habe ich bis heute nicht gespielt …

Meine Mutter war Ende der Vierziger-, Anfang der Fünfzigerjahre viel allein – ihr Mann und ihre beiden Söhne waren einfach immer unterwegs, um zu proben, zu spielen, Konzerte zu geben. Sie hatte direkt nach dem Abitur meinen Vater geheiratet und keinen Beruf erlernt, den sie hätte wiederaufnehmen können, als ich dann in die Schule ging. Das war so üblich, alles andere wäre ungewöhnlich für die damalige Zeit gewesen.

Meine Mutter las ständig, meist Liebesgeschichten, und sie half Sergio und mir täglich bei den Hausaufgaben. Sie war einfach der ruhende Pol in dieser sonst so lauten Familie. Eine stille Person, die die Familie zusammenhielt. Sie hat sich penibel um den Haushalt gekümmert und wurde dabei von unserem Personal unterstützt. Das war damals die Regel in Südamerika. Wer es sich leisten konnte, beschäftigte eine Haushaltshilfe.

Unser Haus war außergewöhnlich schön und äußerst geräumig. In der Mitte befand sich ein Patio, eine Art Innenhof, und dort befand sich die offene Küche, im Zentrum des Hauses und von allen Räumen im Erdgeschoss zugänglich.

Auf Sauberkeit und Ordnung legte meine Mutter allergrößten Wert. Ständig ermahnte sie Sergio und mich, endlich unsere Zimmer aufzuräumen. Was wir jedoch so gut wie nie taten. Als sie es eines Tages nicht mehr aushielt, nahm sie einfach ein paar große Bettlaken, warf dort alles hinein, was in meinem Zimmer herumlag, und band die Enden oben zusammen. Die prall gefüllten Laken landeten dann im Garten, von wo aus ich sie in mein Zimmer zurücktrug. Hat das gedauert, alles wieder auszupacken und ordentlich zu verräumen! Geholfen hat es leider nichts, wenige Tage später sah es in meinem Zimmer genauso aus wie immer.

Aber meine Mutter gab nicht auf. So mussten mein Vater, mein Bruder und ich immer weiche Filzlatschen anziehen, wenn wir den grundsätzlich gerade frisch polierten Parkettfußboden im Salon betreten wollten. Wie im Museum!

Leider führte in unserem Haus der direkte Weg nach draußen genau durch dieses Zimmer, das meine Mutter mit Argusaugen überwachte. Die Alternative war ein kleiner Umweg über die Küche, den nahm ich als Kind grundsätzlich, um nur nicht diese dämlichen Filzlatschen anziehen zu müssen. Als ich vor ein paar Jahren, ich muss schon Ende sechzig gewesen sein, unser altes Haus besucht habe, ging ich dann auch instinktiv durch die Küche in den Garten. Nie wäre es mir eingefallen, mit Straßenschuhen den Salon zu betreten! Und das zwanzig Jahre nach dem Tod meiner Mutter …

Um den Boden zu schonen, durfte mein Vater zu Hause auch nur mit einer Spezial-Konstruktion meiner Mutter Klarinette spielen. Und zwar klemmte er immer ein kleines Plastiktütchen unten an sein Instrument, damit kein Speichel auf das Parkett tropfen konnte. So verrückt war meine Mutter! Unsere Konzerte, überhaupt unsere öffentlichen Auftritte hat meine Mutter nie besucht. Egal ob mein Vater spielte, Sergio oder ich. Nie, Sie sei zu nervös, entschuldigte sie sich immer. Dabei musste sie doch gar nicht mitspielen!

Die Grundlagen zu allem, wozu ich heute in der Lage bin, wurden während meiner Jugend in Buenos Aires gelegt. Ich hatte eine Reihe phantastischer Lehrer, die mich zu dem gemacht haben, was ich heute bin. Als ich Ende der Fünfzigerjahre nach Israel kam, wurde mir nach und nach bewusst, welch großartige Erziehung und Ausbildung ich genossen hatte. Und nicht nur ich: Eine ganze Reihe meiner ehemaligen Mitschüler auf der Akademie oder Kollegen im Theater sitzt mittlerweile – in vielen Ländern der Erde – auf wichtigen Posten. Viele von ihnen waren in ihrem Beruf als Musiker sehr erfolgreich und haben buchstäblich »richtig Karriere gemacht«.

Einer meiner frühen Auftritte 1951 im jüdischen Theater in Buenos Aires – im Hintergrund mein Bruder am Klavier

Wir hatten offensichtlich alle die richtigen Lehrer. Ein guter Lehrer, und das ist ein wichtige Aspekt aller Pädagogik, ist einer, der dem Schüler genau das vermittelt, was dieser in just diesem Moment braucht – und nicht das, was er, der Lehrer, selbst alles weiß und kann.

Mein Vater war solch ein Lehrer. Er hat mich auf meinen ersten Schritten in die Welt der Musik begleitet und meine kindliche Freude am Musizieren gefördert und erhalten. Regelmäßig sagte er: »Üben gibt es nicht. Spielen macht Spaß.« Eine großartige Einstellung, nicht wahr?

Manchmal habe ich im Konzert den Eindruck, dass der Musiker dieses Gefühl »Es ist schwierig, aber ich schaffe das schon« durchlebt. Ich bin froh, dass ich dank der spielerischen Förderung durch meinen Vater etwas ganz anderes ausstrahle. Wie oft haben mir Zuhörer erzählt, dass sie nach einem meiner Konzerte nach langer Zeit wieder zu ihrer Klarinette gegriffen hätten. Sie haben angefangen zu spielen, weil es bei mir so einfach aussah. Das finde ich wunderbar.

Die Musik war das Wichtigste im Leben meines Vaters. Und deshalb machte er sich sein Leben lang dafür stark, dass jedes Kind, jeder Mensch ein Instrument spielen sollte. Wie ich in letzter Zeit aber häufiger höre, ist das heutzutage wohl gar nicht mehr so einfach. Viele Eltern berichten, dass sie sich weder die Anschaffung eines Instruments für ihr Kind noch den jahrelangen Unterricht leisten. Ist das nicht traurig? Wie viele Möglichkeiten werden dadurch verbaut, wie viele Chancen auf ein erfüllteres Leben mit Musik nicht genutzt?

Wie gesagt: Meinem Vater ging es nicht um ihn, um sein Ansehen, um die Anerkennung, er sei ein großartiger Lehrer. Er wollte nicht mit mir repräsentieren. Wohl deshalb hat er mich völlig selbstlos gefördert. Immer wieder erklärte er mir: »Wenn du die Leute, die auf den Feierlichkeiten sind, auch im Konzertsaal sehen möchtest, dann arbeite an dir, geh zur Akademie!« Das tat ich dann auch, es war ja immerhin ein Rat meines Vaters, und der hatte diesen Rat schon von seinem Vater bekommen – und ihn befolgt. Also wurde ich auf dem Conservatorio Municipal angemeldet und fortan in klassischer Musik unterrichtet.

Als ich etwa sechzehn war, meinte mein Vater, ich sei nun so weit, auch im Orchester zu spielen, und er bereitete mich darauf vor. Er selbst war Mitglied des Radio-Symphonieorchesters, und ohne auch nur irgendjemanden – ob Kollegen oder Vorgesetzten – darüber zu informieren oder höflich zu fragen, nahm er mich eines Tages einfach mit und setzte mich ganz selbstverständlich mitten in den Kreis seiner Kollegen. Bei einem Klarinettensolo nickte Papa mir zu, und ich übernahm seinen Part. Welch ein Vertrauen muss er in mich gehabt haben! Völlig entgeistert sah mir das gesamte Orchester zu, offensichtlich war ich ganz gut oder vielleicht sogar ein bisschen besser als mein Vater. Denn nach der Probe sagten die Kollegen zu ihm: »Leo, du kannst nach Hause gehen, von nun an spielt dein Sohn bei uns!« Das war natürlich ein Scherz, aber von da an spielte ich tatsächlich öfter in diesem Orchester.

Nach einiger Zeit sprach mich einer der Musiker, ein Mann namens Oswaldo Barrios, an und sagte, dass er einen vorzüglichen Lehrer kenne, dem er mich unbedingt vorstellen müsse. Bei ihm sei ich in den besten Händen.

Und so kam es, dass ich meinem wichtigsten Lehrer begegnete. Oswaldo Barrios lud ohne Rücksprache mit meinem Vater eines Tages Juan Daniel Skoczdopole zu einem unserer Konzerte ein.

Er war beeindruckt von meinem Können und unterrichtete mich von diesem Tag an. Skoczdopole war Klarinettist im *Teatro Colón;* der Unterricht fand entweder nach den Orchesterproben in der Oper oder in seiner sehr geschmackvoll eingerichteten Wohnung statt.

»Lies die Zeitung mit der Klarinette!«, war eine der wirkungsvollen Lehrmethoden von Juan Daniel Skoczdopole. Er war ein ganz besonderer Mensch mit sehr einprägsamen Übungen. Geboren wurde er um 1910 in Argentinien, seine Eltern stammten beide aus dem Gebiet der früheren Tschechoslowakei.

Gott hat mir Juan Daniel geschickt, davon bin ich felsenfest überzeugt. Wir mussten lange auf verschlungenen Wegen wandeln, um einander zu finden.

Im Rückblick erkenne ich, dass er mir von Anfang an
beizubringen versuchte, ein verantwortungsvolles Orchester-Mitglied zu sein und Teil eines Ganzen zu werden. Genau wie mein Vater lehnte er jegliche Staralüren rundweg
ab. So etwas gab es bei ihm nicht. Juan Daniel Skoczdopole
war einer der größten Klarinettisten seiner Zeit. Und ein
absoluter Experte für Opern-Orchester – Orchester, die
nicht wie ein herkömmliches Symphonieorchester allein
spielen, sondern sich auf die Tänzer bei Ballett-Aufführun-
gen und auf die Sänger bei Opern-Inszenierungen einstel-
len müssen. Ihnen bleibt nichts anders übrig, als äußerst
flexibel zu sein. Die Musiker müssen sehr selbständig arbeiten und sollten viel Erfahrung mitbringen, denn der Dirigent ist eher mit den Sängern beschäftigt als mit ihnen.
Wenn man das berücksichtigt, ist es umso erstaunlicher,
dass ich als orchesterunerfahrener und reichlich unbedarf-
ter junger Mann mit neunzehn Jahren das mit Abstand
jüngste Orchester-Mitglied des *Teatro Colón* in Buenos
Aires werden konnte. Auch das habe ich Juan Daniel und
nur ihm zu verdanken. Wie so oft im Leben spielte auch
hier der Zufall eine entscheidende Rolle. Für meinen Lehrer, Mentor, Freund und Förderer Juan Daniel Skoczdopole, der im Orchester des *Teatro Colón* spielte, sollte ein
Nachfolger gefunden werden, denn er rückte auf und spielte fortan die Erste Klarinette. So saß er mit im Berufungs-
komitee, durfte aber natürlich nicht für oder gegen mich
stimmen, weil er ja schon seit Jahren mein Lehrer war. Doch
Juan Daniel Skoczdopole mischte sich ein und forderte die
anderen auf: »Gebt dem Jungen ein Chance! Ich überneh-

Mein verehrter Lehrer Juan Daniel Skoczdopole im Jahr 1976. Damals war er Kulturbotschafter Argentiniens.

me die Verantwortung …« Sein Wort hatte offensichtlich Gewicht, denn ich bekam die Stelle und war das mit Abstand jüngste Orchestermitglied. Ohne diesen Mann und sein Vertrauen in mich und meine Fähigkeiten wäre mein Leben sicher völlig anders verlaufen. Ihm verdanke ich unglaublich viel. Dreiundfünfzig Jahre lang durfte ich ihn in seinem Leben begleiten.

Das *Teatro Colón* war schon in den Fünfzigerjahren eines der berühmtesten Opernhäuser der Welt. 1908 war es mit *Aida* von Giuseppe Verdi eröffnet worden. Benannt ist es nach dem Entdecker Christoph Kolumbus; es bietet zweitausendfünfhundert Zuschauern Platz und weiteren tausend Zuschauern einen Stehplatz. Innen wie außen kündet das an der Plaza Lavalle repräsentativ gelegene Haus vom wirtschaftlichen Aufschwung Argentiniens zu Beginn des 20. Jahrhunderts; es ist ein Prachtbau der Belle Epoque, von

Juan Daniel Skoczdopole an seinem Schreibtisch – er schrieb und arrangierte zahlreiche Stücke für das Klarinettenquartett des Teatro Colón, dem auch ich angehörte.

dem Wilhelm Furtwängler sagte, es sei das schönste Opernhaus der Welt. Alle großen Sängerinnen und Sänger waren hier gewesen, ebenso die berühmtesten Dirigenten: Maria Callas und Enrico Caruso, Arturo Toscanini und Richard Strauss, der bereits erwähnte Wilhelm Furtwängler und Erich Kleiber und viele, viele andere. Alle waren sie irgendwann da gewesen. Und nun kam ich, ein junger Mann voller Respekt, aber auch voller Ehrgeiz. Ich wollte diese Chance nutzen!

Es war eine besondere Auszeichnung, als junger aufstrebender Musiker Mitglied im Orchester des altehrwürdigen *Teatro Colón* zu sein. Wenn ich morgens kam, öffnete mir der bestimmt schon sechzigjährige Portier die Tür und begrüßte mich voller Ehrerbietung mit den Worten: »Guten Tag, Maestro!«

Mein Vater meinte nach einigen Wochen, ich sei etwas hochnäsig geworden. Ich schwärmte wohl in einem fort von diesem Orchester und der Musik, die wir zur Aufführung brachten – klassische Musik, erdacht und aufgeschrieben von den größten Komponisten der Musikgeschichte! Was war der jüdische Klezmer dagegen! Ich drohte mich in jugendlichem Überschwang von meinen Wurzeln abzuschneiden. Doch mein Vater und meine finanzielle Situation brachten mich rasch auf den Boden der Tatsachen zurück. Schon nach kurzer Zeit war klar, dass das Geld, das ich im Orchester verdiente, weit weniger war, als ich es von meinen bisherigen Auftritten gewohnt war. So rannte ich direkt nach den Konzerten im Opernhaus los und spielte, mal mit meinem Vater, mal ohne ihn, jeden Samstag und Sonntag als Klezmer auf jüdischen Hochzeiten. Dafür erhielt ich an wenigen Abenden so viel Gage wie im *Teatro Colón* in einem Monat.

Zusammen mit Juan Daniel Skoczdopole, José und Oswaldo Barrios bildete ich das Klarinetten-Quartett des *Teatro Colón;* ich spielte die Bassklarinette, ein Instrument mit einem gewaltigen Gefühlsrepertoire. Wir drei waren Schüler von Juan Daniel Skoczdopole, der viele Stücke, die wir spielten, für uns arrangierte und komponierte.

Es gibt keinen Musiker, der mich so unendlich beeinflusst hat wie er. Bis zu seinem Tod war ich sein Schüler und zugleich sein Sohn, sein engster Vertrauter. Das enge Band riss niemals ab. Auch als ich einige Jahre später nach Israel ging und wir uns mehrere Jahre gar nicht sahen, blieben wir immer durch viele Briefe in enger Verbindung. Es war, ohne zu übertreiben, tatsächlich so etwas wie ein Vater-Sohn-Verhältnis. Juan Daniel, den ich übrigens erst viele, viele Jahre nach unserem Kennenlernen zu duzen wagte, war bis zum Schluss ein Mensch, zu dem ich aufblickte und vor dem ich sehr großen Respekt hatte. Mindestens das erste Jahrzehnt unserer Beziehung siezte ich ihn und nannte ihn Maestro. Er war einfach ein feiner und sehr klarsichtiger Herr mit festen Grundsätzen. Selbst mit Mitte fünfzig fühlte ich mich in seiner Gegenwart immer wie ein kleiner Schüler.

Juan Daniel war sehr eigensinnig und wollte so selbständig wie möglich leben. Bis zum letzten Tag war seine Wohnung tadellos in Ordnung, sauber und aufgeräumt. Man hätte, wie es so schön heißt, vom Fußboden essen können, wie bei meiner Mutter. Juan Daniel war stets gekleidet wie aus dem Ei gepellt. So schick, so fein! Er wollte bis zum Schluss unbedingt allein in seiner Wohnung leben und hätte es bestimmt nicht geduldet, wenn ich eine Pflegekraft organisiert hätte. Er hatte keine Angehörigen, und ich war ja nicht in der Lage, ihm unmittelbar zu helfen, da ich sehr viel unterwegs war. Wenigstens hatte ich erst als Orchester-Mitglied des *Israel Philharmonic Orchestra* und dann als Solo-Musiker oft die Möglichkeit, in Südamerika auf Tournee zu sein oder zu gastieren; auf diese Weise konnte ich Juan Daniel mehr oder weniger regelmäßig besuchen.

Obwohl er zeit seines Lebens als Musiker tätig war, eine Professur an der Akademie und die Stelle der Ersten Klarinette am *Teatro Colón* innegehabt hatte, fiel seine Rente sehr karg aus. Das ist übrigens leider nach wie vor der Fall, dass Musiker in Argentinien lediglich eine kleine Pension beziehen. Aus diesem Grunde entscheiden sich viele Kollegen, so gut es ihre Möglichkeiten zulassen, noch bis ins hohe Alter sich auf die eine oder andere Weise ein wenig dazuzuverdienen. Die erschreckende Aussicht, als Rentner

Das Klarinettenquartett des Teatro Colón (von links nach rechts): Juan Daniel Skoczdopole, José Barrios, Oswaldo Barrios. Der junge Mann ganz rechts mit der Bassklarinette bin ich.

kein Brot mehr kaufen zu können, wenn das Monatsende naht, treibt sie an – verständlicherweise!

In diesem Zusammenhang erinnere ich mich an eine typische Begebenheit mit Juan Daniel: Ich war nach mehreren Wochen Abwesenheit wieder in Buenos Aires zurück, und wir trafen uns anlässlich seines Geburtstags in größerer Kollegen-Runde zum Abendessen in einem Restaurant. Weil ich genau wusste, dass Juan Daniel darauf bestehen würde, das Essen für alle Anwesenden zu bezahlen, flüsterte ich dem Kellner gleich nach unserer Ankunft heimlich zu, dass ich die Rechnung bezahlen würde. Als wir nach unserem munteren Beisammensein aufbrechen wollten, gab es wie immer eine Diskussion unter allen Musikern, wer denn nun bezahlen dürfe. Natürlich setzte sich Juan Daniel durch und ging zum Kellner. Der war nicht auf den Mund gefallen und äußerst schlagfertig. Also erzählte er ihm, er müsse nicht bezahlen, am Montag sei das Essen immer gratis. Juan Daniel wurde ärgerlich, bekam aber keine Auskunft, wer sich erdreistet hatte, ihm zuvorzukommen. Wir alle haben uns sehr amüsiert, doch Juan Daniel war gar nicht einverstanden und fragte uns ein ums andere Mal, wer denn nun so frech gewesen sei, die Rechnung zu übernehmen. Er ist mir dennoch nicht auf die Schliche gekommen!

Als Juan Daniel etwa fünfundachtzig war, erzählte er mir, dass ihm im Bus seine Brieftasche gestohlen worden war. Ich dachte voller Empörung sofort an das Ungemach, das dieser feine Mensch in seinem hohen Alter noch erdulden musste. Einfach unmöglich so etwas! Und dann gab ich einem Bekannten von mir, der als Taxifahrer in Buenos Aires arbeitete, Geld und erklärte Juan Daniel, dass er diesen Mann anrufen solle, wenn er irgendwo hinfahren möchte.

Anfangs wollte er diesen Freundschaftsdienst nicht annehmen, doch ich bat ihn immer wieder darum, mir wenigstens diese kleine Freude zu gönnen. Es war ja viel weniger als eine kleine Gegenleistung. Wie oft beschwor ich Juan Daniel: »Was habe ich dir alles zu verdanken! Wie viel habe ich von dir gelernt! Ohne dich wäre ich niemals da, wo ich heute stehe! Vielen Dank, Maestro, und jetzt lass mich dir ein wenig helfen!« Mit der Zeit konnte ich Juan Daniel davon überzeugen, meine Unterstützung anzunehmen, und langsam entstand zwischen ihm und Alejandro, dem Chauffeur, eine wunderbare Freundschaft, die weit über die Fahrdienste hinausging. Alejandro begann, Juan Daniel zum Arzt zu begleiten und ab und zu an seiner Wohnung vorbeizufahren, um nach dem Rechten zu sehen. Er wusste: Lag die Zeitung am Nachmittag noch immer vor der Tür, musste etwas passiert sein. Und so war es dann eines Tages auch: Als Alejandro zu vorgerückter Stunde die Zeitung vor der Tür liegen sah und daraufhin die Wohnung betrat, fand er Juan Daniel auf dem Boden liegend. Er war sehr unglücklich auf den Kopf gefallen und verblutet. Juan Daniel Skoczdopole wurde zweiundneunzig Jahre alt.

Ich mache mir bis heute Vorwürfe, dass ich niemanden organisiert hatte, der bei ihm schlief. Dann wäre das Unglück vielleicht zu verhindern gewesen. Andererseits weiß ich genau, dass Juan Daniel einen fremden Menschen in seinen eigenen vier Wänden niemals akzeptiert hätte. Das alles sagt mir mein Verstand, aber mein Herz spricht eine andere Sprache. So wie ich ihn in meinen frühen Jahren dringend brauchte, so wichtig war ich besonders in den letzten Jahren für ihn. Er hatte nur mich, Alejandro und seine Klarinette. Wenn ich tief in mich hineinfühle, spüre ich, dass für mich mein geliebter und verehrter Lehrer und väterlicher Freund Juan Daniel Skoczdopole niemals gestorben ist. Er lebt in mir fort und ist jeden Tag bei mir. Sein vielfältiger Rat ist mir noch heute gegenwärtig.

Rückblickend danke ich dem Schicksal für das Privileg, diesen wunderbaren Menschen kennengelernt und unter seiner Führung die ersten Schritte als Berufsmusiker in einem Opernhaus wie dem *Teatro Colón* gemacht zu haben. Ich habe so unsagbar viel von ihm gelernt. Selbst jetzt, im hohen Alter, da ich auf mich allein gestellt bin, weil die, die mir alles beigebracht haben, schon längst in andere Welten gewechselt sind, fühle ich mich nicht allein. Ich spüre immer noch die Führung meiner Lehrer und Mentoren.

Sehr viel später war ich dann selbst Lehrer für junge Musiker, ob in Workshops oder in Seminaren. Ich habe immer versucht, das weiterzugeben, was ich selbst empfangen habe. Eine meiner Grundüberzeugungen war dabei stets: Man muss nicht lesen und schreiben können, um zu sprechen. Und man muss keine Noten lesen können, um zu singen. Ich habe wirklich den allergrößten Respekt vor Kollegen, die keine Noten lesen können. Keinesfalls spielen sie schlechter als Musiker, die dazu in der Lage sind. Die Energie ist in diesem Fall eine andere.

So versuchte ich auch meinen Schülern zu vermitteln: Hier auf dem Notenblatt steht etwas, was ihr schon kennt. Ihr könnt vielleicht keine Noten lesen, aber ihr kennt bereits die Melodie.

Eigentlich darf ich mich nicht Lehrer nennen, wenn ich an die großartigen Menschen denke, die meine Lehrer waren. Sie waren Vorbilder, die einfach die Energie, die in ihnen steckte, weitergaben. Dafür mussten sie noch nicht einmal sprechen. Die Energie war da, sobald sie den Raum betraten.

So sagte mein Vater beispielsweise nie, dass etwas schwierig sei. Niemals, kein einziges Mal hat mein Vater mir vermittelt, dass das, was ich tue, schwer sei. Denn wenn ein Schüler erst dieses Gefühl hat, wird es für ihn immer schwer bleiben.

Ich bin kein außergewöhnlicher Lehrer, ich habe einfach immer nur gut aufgepasst und memoriert, was meine phantastischen Lehrer mir vermittelt und beigebracht haben.

»Ich kann euch keine Musik lehren, ihr müsst sie lernen«, sage ich immer.

Inzwischen unterrichte ich nicht mehr. Nach meiner Erfahrung ist es das Ergebnis eines Prozesses, dort zu sein, wo ich bin, das kann man nicht in drei Stunden erreichen.

Früher, als ich noch unterrichtet habe, fragte ich immer den jungen Menschen vor mir, der eine Musiker-Laufbahn einschlagen wollte: »Was ist dir wichtiger? Was das Publikum über dich denkt oder was es fühlt?« Wenn sie antworteten, das, was die Menschen denken, sei wichtiger, dann wusste ich, dass es den Betreffenden in allererster Linie um ihre eigene Persönlichkeit ging.

Unterrichten hieß für mich immer, dass Schüler etwas kennenlernen, von dem sie nicht wissen, dass sie es schon kennen. Dass sie lernen, aus sich selbst heraus zu schöpfen. Mein Credo war stets: »Alles ist von Anfang an in dir angelegt. Du brauchst nur manchmal ein wenig Zeit oder den richtigen Lehrer, um all diese Pracht zu entfalten.« Es ist wie bei einem Bildhauer, der in einem unbehauenen Stein schon die Skulptur erkennt – seine Aufgabe ist es lediglich, diese Skulptur von allem zu befreien, was sie umgibt.

Das Dasein als Lehrer bewahrt uns nicht vor Enttäuschungen.

Mir ist es schon öfter passiert, dass Musiker an einem dreistündigen Seminar – wie beispielsweise in Safed – unter meiner Leitung teilgenommen haben und hinterher behaupteten, sie seien meine Schüler. Aufgrund eigener Erfahrungen kann ich sagen, dass ja wohl ein bisschen mehr dazugehört als ein einziger Nachmittag. Ich kenne diese Menschen doch gar nicht, und sie kennen mich nicht. Diese Leute würde ich mir gerne mal schnappen und fragen: »Ah, du bist mein Schüler! Dann erzähl doch mal! Was hast du denn alles bei mir gelernt?« Diese Art von Oberflächlichkeit ist heute leider öfter anzutreffen.

Mein Vater hat mich mit seiner Art, über Musik und über Musiker zu denken und zu sprechen, jedenfalls zeitlebens davor bewahrt, Starallüren zu entwickeln. »Du bist nicht besser als andere Menschen«, bleute er mir ein, solange er lebte. Wenn ich mit jemandem zusammen musiziere, unterscheide ich nicht zwischen Profi und Laie, zwischen dem berühmten Künstler und dem jungen Anfänger. Dann ist jeder ein Musikant oder eine Musikantin, mag es sich nun um einen Freund, meine Enkeltochter Hila, die Harfe spielt, oder einen Schüler handeln. Was uns alle unterscheidet, ist allenfalls der musikalische Erfahrungsschatz, den wir besitzen.

Im Gelobten Land

Jerusalem –
aus Gold, aus Bronze und aus Licht gemacht.
Für alle deine Lieder
lass mich die Laute sein.

Und ich will aufrichten meinen Bund zwischen mir und dir und deinen Nachkommen von Geschlecht zu Geschlecht, dass es ein ewiger Bund sei, so dass ich dein und deiner Nachkommen Gott bin. Und ich will dir und deinem Geschlecht nach dir das Land geben, darin du ein Fremdling bist, das ganze Land Kanaan, zu ewigem Besitz …

So steht es geschrieben im Ersten Buch Mose im siebzehnten Kapitel. Mit diesen Worten im Gedächtnis hatten die Juden das Exil in Babylonien, die Vertreibung nach der Zerstörung des zweiten Tempels durch die Römer, die Pogrome des Mittelalters und den Holocaust erduldet. Und nun, nach all diesen Katastrophen geschah etwas Unvorstellbares: Am Nachmittag des 14. Mai 1948 versammelte sich im Stadtmuseum von Tel Aviv der Jüdische Nationalrat, und David Ben Gurion verlas die Unabhängigkeitserklärung des Staates Israel: »Gleich allen anderen Völkern ist es das natürliche Recht des jüdischen Volkes, seine Geschichte unter eigener Hoheit selbst zu bestimmen. Demzufolge haben wir, die Mitglieder des Nationalrates, als Vertreter der jüdischen Bevölkerung und der zionistischen Organisation, heute, am letzten Tage des britischen Mandats über Palästina, uns hier eingefunden und verkünden hiermit kraft unseres natürlichen und historischen Rechtes und aufgrund des Beschlusses der Vollversammlung der Vereinten Nationen die Errichtung eines jüdischen Staates im Lande Israel – des Staates Israel.«

Noch in der darauffolgenden Nacht erklärten die umliegenden arabischen Staaten Israel den Krieg. Erst im Juli 1949 schwiegen die Waffen wieder. Die junge Nation hatte sich gegen die Angreifer behaupten können, und überall in der Welt bekam die Sehnsucht nach *Eretz Israel*, dem verheißenen Land, neue Nahrung. Zwischen 1948 und 1951 wanderten knapp siebenhunderttausend Menschen jüdischen Glaubens nach Israel ein. Für die Einwanderung von Juden nach Palästina gibt es im Hebräischen ein eigenes Wort: *Alija*. Ins Deutsche übersetzt bedeutet dieses Wort *Aufstieg* und meint ursprünglich das Hinaufziehen zum Tempel in Jerusalem. Doch seit das jüdische Volk ins babylonische Exil verschleppt worden war, bezeichnet *Alija* die von den Propheten verheißene Rückkehr ins Gelobte Land.

Um die *Alija* nach dem Zweiten Weltkrieg zu fördern verabschiedete die Knesset 1950 das sogenannte Rückkehrgesetz – es war das erste Gesetz, das das israelische Parlament beschloss, und es gestattete allen Juden weltweit, nach Israel zu übersiedeln und bereits am Tag der Ankunft die israelische Staatsbürgerschaft anzunehmen. Fortan sollte dieses Gesetz Juden in aller Welt vor Verfolgung schützen. Egal, wo sie lebten – ihre Heimat war Israel, und sie erhielten mit diesem Gesetz die Zusage, jederzeit dort als gleichberechtigte Bürger aufgenommen zu werden. Damit hatte sich der alte zionistische Traum erfüllt, im Heiligen Land einen jüdischen Nationalstaat als Heimstatt aller Juden zu errichten.

Auch ich wollte Teil der *Alija* sein, die nach der Staatsgründung 1948 eingesetzt hatte, und im Jahr 1957 ergab es sich tatsächlich – aufgrund einer Empfehlung von Paul Kletzki, dem Schweizer Dirigenten und Komponisten polnischer Abstammung, der zu jener Zeit als Gastdirigent das *Israel Philharmonic Orchestra* leitete. Er ebnete mir den Weg, als jüngstes Mitglied Einlass in dieses Orchester zu finden. Ohne seine Empfehlung hätte ich niemals mit einundzwanzig Jahren die Chance bekommen, in diesem wunderbaren und überaus renommierten Orchester zu spielen. Vier Wochen später war ich bereits in Israel, und einen Tag später durfte ich der ersten Orchesterprobe beiwohnen. Wie Jahrzehnte zuvor mein Vater, so reiste auch ich mit dem Schiff in die neue Heimat. Nur ging es nicht von Europa nach Südamerika, sondern von Südamerika in den Nahen Osten. Das Erste, was ich von Israel sah, war der Hafen von Haifa, in jenen Jahren das Einlasstor für Hunderttausende Immigranten, denen das Rückkehrgesetz den Weg ins Gelobte Land ebnete und den Neuanfang, so gut es eben ging, erleichterte.

Aber nun der Reihe nach und von Anfang an: Für mich war die Übersiedlung nach Israel etwas völlig anderes als für die Holocaust-Überlebenden, die aus Europa kamen. Ich hatte den Krieg nicht selbst erlebt und kein Vernichtungslager überlebt. Ich hatte mich nicht verstecken und fliehen müssen. Ich folgte nur meinem Herzen und wollte zurück in die wahre Heimat. Wie mir ging es Tausenden, Zehntausenden anderer Süd- und Nordamerikaner jüdischer Herkunft.

Die *Jewish Agency,* hebräisch *ha-Sochnut ha-jehudit,* war damals und ist bis heute die offizielle Einwanderungsorganisation des Staates Israel. Damals in Buenos Aires nannten wir sie *Sojnut.* Und an die *Sojnut* wandte ich mich, um nach Israel zu kommen. Bereits im Alter von zwölf Jahren hatte ich mich der zionistischen Bewegung Argentiniens angeschlossen. Mit den Jahren wurde der Wunsch, ins Land meiner Väter zurückzukehren, immer stärker. Und als ich Mitglied des *Teatro Colón* war, begann ich, diesen Wunsch in die Tat umzusetzen. Ich füllte ein Sojnut-Formular aus, in dem ich angab, als Musiker ins Land meiner Väter gehen zu wollen. Zwei Wochen später erhielt ich bereits Antwort. Absender war das *Israel Philharmonic Orchestra;* eine Klarinettisten-Stelle sei zu besetzen, so hieß es in dem Brief. Da man mich jedoch nicht kenne, solle ich bei einer Vertrauensperson des Orchesters vorspielen.

Nun fügte es sich zu meinem großen Glück, dass sich der große Paul Kletzki gerade in Buenos Aires aufhielt. So wurde er um Hilfe gebeten. Zur moralischen Unterstützung begleitete mich mein Lehrer Juan Daniel Skoczdopole zum Vorspielen.

Nach drei Minuten hob Maestro Kletzki seine Hand und sagte: »Genug.« Juan Daniel und ich waren am Boden zerstört. Wie konnte das sein? Warum war ich nicht gut genug? Als Paul Kletzki das Zimmer verließ, ging mein engagierter Lehrer zu ihm, und ich hörte, wie er ihn umzustimmen versuchte: »Maestro, lassen Sie ihn doch noch etwas spielen.« Und was antwortete Kletzki? »Er muss nicht noch mehr spielen. Was er gezeigt hat, genügt vollkommen. So etwas habe ich noch nie gehört!« Noch am selben Tag sandte er ein Telegramm mit demselben Wortlaut nach Tel Aviv. Und kurze Zeit später wurde mir ein Vertrag des *Israel Philharmonic Orchestra* zugeschickt. Ich sollte sofort beginnen.

Der Sojnut bezahlte die aufregende Überfahrt per Schiff. Im Dezember 1957 verabschiedete ich mich von meinen Lieben und bestieg ein italienisches Schiff, das mich nach Marseille brachte. Von da ging es weiter mit einem israelischen Flotation-Schiff. Etwas ganz Besonderes und Innovatives war das – und angeblich völlig erschütterungsfrei. Deshalb war der Speisesaal ab dem dritten Tag wohl wie leer gefegt; alle Reisenden hingen seekrank über der Reling oder lagen in ihren Betten.

Die Ankunft in Haifa war ein magischer Moment. Die strahlende Morgensonne ließ die goldene Kuppel des Bahai-Tempels inmitten der Persischen Gärten, die schönste Sehenswürdigkeit der Stadt, schon von weitem leuchten. Von entfernten Verwandten, Großcousins über vier Ecken, wurde ich abgeholt. Sie brachten mich direkt nach Tel Aviv in ihre Wohnung. Wir verständigten uns mit Händen und Füßen und behalfen uns mit Jiddisch und Ladino, der traditionellen Sprache der sephardischen Juden. Irgendwie ging es.

Der folgende Tag war dann schon mein erster Arbeitstag im Orchester. Wie gesagt: Hebräisch sprach ich gar nicht, am Anfang halfen mir glücklicherweise zwei Kollegen, ein Argentinier und ein Russe, der lange in Spanien gelebt hatte. Die beiden übersetzten für mich. Wenn keiner der beiden zur Stelle war, musste ich mich auf andere Weise behelfen – zur Sprachschule für Immigranten konnte ich ja nicht gehen, ich hatte einfach keine Zeit. Wenn also beispielsweise der Dirigent mit mir sprach, machte ich ein möglichst intelligentes Gesicht. Da ich ja kein Wort verstanden hatte, spielte ich einfach so, wie ich wollte, und hoffte das Beste. Eine Ausnahme machte ich nur bei einem der größten Dirigenten aller Zeiten: Maestro Sergiu Celibidache, der hervorragend Spanisch sprach. Wir dachten immer, er spreche alle Sprachen dieser Welt. Zumindest konnte er alle Orchestermitglieder ansprechen und, was noch viel wichtiger war, über jeden einzelnen Musiker in dessen Muttersprache fluchen.

Aber wenn man muss, geht alles unglaublich schnell. Ich bin wirklich nicht sehr sprachbegabt, aber Hebräisch lernte ich in außerordentlich kurzer Zeit. Es war mir einfach ein Herzensbedürfnis, die *Sabres*, also die in Israel geborenen Juden, zu verstehen. Sie werden *Sabre* genannt, wie die Frucht des Feigenkaktus, die hinter einer stacheligen Schale ihr süßes Inneres verbirgt.

Israel war in jenen Jahren ein faszinierendes Land. Aus aller Herren Länder kamen die Zuwanderer, um voller Optimismus dieses Land aufzubauen. Und alle brachten ihre heimischen Traditionen, ihre Kultur, aber auch ihre Verletzungen mit. Diese Vielfalt galt auch für die Musik. Ich selbst hatte ja nicht nur den Klezmer, sondern auch den argentinischen Tango im Gepäck, andere brachten arabische und nordafrikanische Musiktraditionen ins Land, wieder andere den Jazz aus Nordamerika. Und hier, in Israel verschmolz das alles. Wer verstehen möchte, warum ich bis heute in so vielen Musikstilen zu Hause bin, darf diese Zeit des Aufbruchs nicht zu gering schätzen.

Die Bekanntschaft mit mir bislang unbekannten Musiktraditionen macht aber nur die eine Hälfte meiner damaligen Erfahrungen aus. Weit wichtiger war für mich die Erkenntnis, dass es damals keine originär jüdische Musiktradition in Israel gab. Die Menschen bauten Häuser und Straßen, sie legten fruchtbare Obst- und Gemüsepflanzungen an und waren sehr phantasievoll, wenn es darum ging, sie mit Wasser zu versorgen. Es entstanden Schulen, Theater, Kinos. Tel Aviv wurde zu einer modernen westlichen Großstadt. Doch dabei drohten die kulturellen Traditionen verloren zu gehen. Nach und nach wurde mir bewusst, wie wichtig die jüdische Musik für mich sein würde, doch

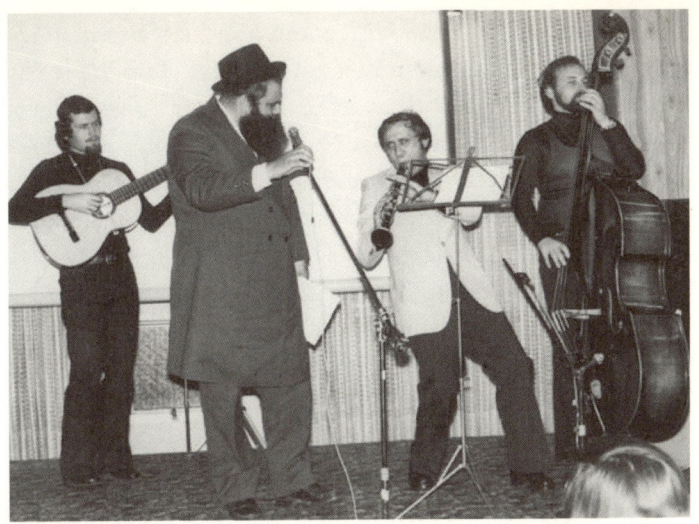

Bei einem Konzert in den Siebzigerjahren – der Herr im Frack war ein liberaler Rabbi, der mein Denken damals sehr geprägt hat.

noch war mir nicht klar, dass sie eines Tages mein Leben als Musiker verändern und bestimmen würde. Damals wollte ich einfach nur einen Beitrag leisten, die jüdische Kultur zu bewahren.

Ein unverzichtbarer Bestandteil dieser Kultur sind die jüdischen Lieder. In ihren einfachen Melodien verbirgt sich eine große spirituelle Tiefe, und gleichzeitig ist das Jiddische ein kraftvolles Medium, um »das Leben« auszudrücken. So begab ich mich auf die Suche nach den noch vorhandenen Klezmer-Traditionen. Ich zog von Synagoge zu Synagoge, von Haus zu Haus, von Familienfest zu Familienfest, immer auf der Suche nach diesen traditionellen Melodien und Liedern, nach liturgischen Gesängen und alten Volksweisen. Und wo ich fündig wurde, hörte ich aufmerksam zu, notierte Noten und transkribierte das Gefundene für mich. Mit der Zeit entstand auf diese Weise ein ansehnliches Klezmer-Repertoire. Bei dieser Suche begegnete ich vielen Holocaust-Überlebenden, die mir jene Melodien und Lieder vorsangen, die sie aus den Konzentrations- und Vernichtungslagern mit nach Israel gebracht hatten. Und immer wieder war ich tief berührt, wie es diesen bemerkenswerten Menschen im Angesicht des Todes gelungen war, solch wunderbare Musik zu erschaffen und zu spielen. »Giora, du kannst das nicht verstehen«, so hörte ich es immer wieder von ihnen, »die Qual war so schrecklich, dass die Natur keine andere Möglichkeit hatte, als zur Seele zu flüchten, und diese Musik ist die Sprache der Seele.«

Nicht lange nach mir kam mein Bruder Sergio mit seiner Familie ebenfalls nach Israel, letztlich auf meine Initiative hin. Ich war erst seit kurzem Mitglied des *Israel Philharmonic Orchestra,* als dort eine Flötisten-Stelle frei wurde. Ich empfahl meinen Bruder, und die Geschichte wiederholte sich. Erneut war es Maestro Paul Kletzki, der sich zu dieser Zeit in Argentinien aufhielt und bei dem auch mein Bruder vorspielte. Sergio wurde engagiert, verkaufte daraufhin sein Hab und Gut in Buenos Aires, nahm seine Frau und die Kinder und emigrierte ins Gelobte Land. Zwanzig Jahre lang spielte Sergio in diesem Orchester, länger als ich.

Während meiner Kindheit und Jugend in Argentinien war das Verhältnis zu Sergio aufgrund des großen Altersunterschieds keine Beziehung, wie sie zwischen Brüdern üblich ist. Das änderte sich mit seinem Eintritt in das *Israel Philharmonic Orchestra.* Fünfzehn Jahre lang verbrachten wir viel Zeit miteinander, und auf unseren gemeinsamen

Gastspielreisen teilten wir uns natürlich ein Doppelzimmer. Das war nicht immer einfach für mich, denn Sergio war ein sehr unruhiger Schläfer und schnarchte bisweilen. Wir beide waren für den Humor im Orchester zuständig, es gibt unzählige Geschichten darüber, von denen ich zwei erzählen möchte.

Bei einem Konzert in Los Angeles erhielt ich plötzlich einen Zettel zugesteckt, den mir der Fagottist geschickt hatte. Er fragte an, ob wir nach dem Konzert nicht noch kurz nach Las Vegas fliegen sollten, das sei ganz in der Nähe. Na klar, das war etwas für mich! Ich nickte ihm zu, und nach dem Konzert flogen wir in das Spielerparadies mitten in der Wüste von Nevada – der Fagottist, ein Violinist, mein Bruder und ich, allesamt im Smoking. Im Flugzeug und im Spielcasino wurden wir aufgrund unserer Kleidung bevorzugt behandelt, wahrscheinlich dachten die Leute, wir seien Millionäre. Spät in der Nacht flogen wir zurück und tranken in der Lobby des Hotels noch ein Bier, als ein Orchesterkollege plötzlich auftauchte und fragte, was wir denn noch vorhätten. Ich wollte ihn auf den Arm nehmen und fragte ihn, ob er denn nicht wisse, dass wir aufgrund von Nebelwarnungen statt am nächsten Morgen bereits jetzt aufbrechen würden, um den Ort unseres nächsten Auftritts pünktlich zu erreichen. Allerdings ahnte ich nicht, dass dieser pflichtbewusste Mensch sogleich verschwinden würde, um das ganze Orchester zu wecken. Nach und nach tauchten die verschlafenen Kollegen in der Lobby auf, und als unser damaliger Dirigent Carlo Maria Giulini mit seiner Freundin die Treppe herunterkam, wurde mir klar, dass es für mich jetzt kein Entkommen mehr gab. Denn jener Kollege, den ich hochgenommen hatte, würde nun verkünden, wer diese absurde Nachricht in die

Vater und Sohn gemeinsam auf der Bühne. Diese Aufnahme ist während einer Feier 1975 in Jerusalem entstanden.

Welt gesetzt hatte. Aber just in diesem Moment betraten die beiden Piloten, die unsere Maschine am nächsten Morgen fliegen sollten, angeschickert und in bester Laune die Lobby. Maestro Giulini sah die beiden, machte auf dem Absatz kehrt und warf in die Runde, ihm sei der Nebel egal, aber mit diesen Piloten würde er jetzt auf keinen Fall fliegen …

Die zweite Geschichte: Bei einem Konzert in Japan waren wir in einem traditionellen Hotel untergebracht. Dort ist es üblich, die Schuhe in der Hotellobby auszuziehen und dort abzustellen. Meinem Bruder war das zu riskant. Er hatte Angst, seine Schuhe zu verlieren, und nahm sie mit auf sein Zimmer. Beim Kofferpacken am nächsten Morgen hatte er das aber vergessen und packte auch seine Schuhe in den Koffer. Der wurde schon vor dem Frühstück abgeholt und mit dem Orchestergepäck zum Flughafen gebracht. Wir gingen auf Socken nach unten. Als wir später zum Flughafen aufbrachen, zog mein Bruder ein Paar Schuhe an, von denen er annahm, es wären seine, und bestieg mit mir einen der wartenden Busse. Es kam, wie es kommen musste. Einer der Kollegen vermisste seine Schuhe und ging durch alle drei Busse, um sie zu finden. Irgendwann stand er vor uns, zeigte auf die Schuhe meines Bruders und forderte ihn auf, sie auszuziehen. Mein Bruder schlug einen Deal vor: Jeder bekommt einen Schuh. Sehr zum Vergnügen des gesamten Orchesters hopsten die beiden, jeder mit einem Schuh bekleidet, Arm in Arm in das Flughafengebäude.

Unsere Eltern hatten Sergio und mich von Anfang an bei unserem Vorhaben, nach Israel auszuwandern, unterstützt, blieben aber vorerst in Buenos Aires. Mein Vater äußerte dann jedoch ziemlich rasch den Wunsch, ebenfalls ins Gelobte Land zu übersiedeln. Er hatte wie ich auch das Gefühl, in Israel seine eigentliche Heimat zu finden. Meine Mutter drängte es weniger, sie war in Argentinien wesentlich stärker verwurzelt als mein Vater, denn sie hatte ja bis auf ihre ersten beiden Lebensjahre immer in Buenos Aires gelebt. Mein Vater setzte sich schließlich durch, er war, glaube ich, ohnehin die treibende Kraft in der Ehe meiner Eltern. Zunächst kam er für zwei bis drei Monate nach Tel Aviv und wohnte zeitweise bei mir und bei Sergio, um auszuprobieren, ob er seiner Frau die Übersiedlung in ein neues Land zumuten durfte. Würde sie sich in Israel eingewöhnen? Das war die Frage, die meinen Vater in jenen Wochen umtrieb. Dann kehrte er nach Buenos Aires zurück, verkaufte Haus und Hof und schiffte sich gemeinsam mit seiner Frau nach Israel ein. Das war keine leichte Entscheidung. In Argentinien war er ein berühmter Musiker, aber in Israel kannte ihn bis dahin noch niemand.

Ganz sicher war es anfangs sehr schwierig für meine Mutter, sich in dem neuen Land zurechtzufinden. Bis zu ihrem Tod sprach sie kein Hebräisch und lebte sehr zurückgezogen. Wie in Argentinien kümmerte sie sich hauptsächlich um den Haushalt und die Familie. Papa dagegen war wie ein Fisch im Wasser. Als Musiker lernte er sofort eine Menge neuer Leute kennen, spielte als freiberuflicher Klarinettist in unterschiedlichen Formationen, ab und zu auch in der Oper, und lernte blitzschnell Hebräisch. Er war trotz seines fortgeschrittenen Alters binnen kürzester Zeit in seiner neuen Heimat angekommen und fühlte sich dort ganz offensichtlich rundum wohl.

Als ich in Israel zu meiner ersten Radioeinspielung eingeladen wurde und mich vorstellte, sagte eine der Sekretärinnen über meinen Namen: »Gedalie, nein, das geht gar nicht.« Dazu muss man wissen, dass Gedalie ein uralter Name aus dem Alten Testament ist, und für viele vor Ort geborene Israelis symbolisierten diese in Europa gebräuchlichen Namen die Diaspora, obwohl in diesem Fall der Name gar nicht aus dem osteuropäischen Sprachraum kommt. Meine Eltern hatten mich nach meinem Großvater genannt, und wohl auch aus praktischen Erwägungen – damit man meinen Namen gut aussprechen kann – wurde aus Gedalie in Argentinien Gerardo und als Kosenamen Gerardito. In der Familie wurde ich dann nur noch *Dito* genannt. So werde ich übrigens immer noch von meinen in Südamerika lebenden Verwandten genannt. Sie würden nie auf die Idee kommen, dass ich außerhalb des ursprünglichen

Verwandtschaftsgefüges inzwischen ganz anders heiße –
seit 1957.

Der Radio-Mitarbeiterin gefiel wie gesagt nicht nur mein
Name nicht, nein, sie wusste auch gleich eine Alternative.
»Lass mich mal kurz nachdenken«, sagte sie, »wie wäre es
denn mit Gidon oder Gideon, nein, ich hab's: Wie wäre es
mit Giora?« Ja, und das war's dann, seither heiße ich Giora – nun schon seit über fünfzig Jahren. Ich habe das damals
so akzeptiert, aber in der Rückbetrachtung hätte ich nicht
zustimmen sollen. Wenn ich außerdem geahnt hätte, wie oft
aus *Giora* irrtümlich *Gloria* gemacht wird und ich dann als
Frau Feidman begrüßt werde …

Meine Tochter Orit, was übersetzt »Lichtlein« bedeutet,
hatte übrigens auch einmal solche Anwandlungen. Sie wollte, da muss sie etwa fünfzehn Jahre alt gewesen sein, unseren Familiennamen ändern. Was in Israel nicht unüblich ist,
viele Einwanderer legen ihren Namen ab und wählen einen
neuen, israelischen Familiennamen, wohl um mit dem alten
Leben abzuschließen und ganz neu anzufangen. Grundsätzlich hätte ich gar nichts gegen eine Namensänderung
gehabt, aber zu dem Zeitpunkt lebte mein Vater noch. Und
ich hatte Hemmungen, denn ehrlich gesagt: Niemals hätte
ich anders heißen wollen als mein Vater. Ich fragte ihn aber
doch, und er blickte mich lange an und sagte schließlich:
»Ich bin als Feidman geboren und habe auch vor, als Feidman zu sterben.« Tja, das war's dann. Später kam niemand
mehr auf die Idee, und deshalb heißen wir genau wie die
Generationen vor uns Feidman.

Sehr rasch hatte sich in der Anfangszeit unter uns Or-
chestermusikern ein festes Fünfergrüppchen herausgebil-
det, und wir spielten als Quintett regelmäßig in den Kibbu-
zim überall im Land. Damals lebten fast zehn Prozent der

israelischen Gesamtbevölkerung in diesen Kollektivsiedlungen. Viele Kibbuzniks legten großen Wert auf eine klassische Bildung, waren sehr interessiert an den viel zu selten stattfindenden Kulturveranstaltungen und zeigten sich dort als ein äußerst anspruchsvolles Publikum.

Dennoch waren die Kibbuz-Auftritte am Anfang so manches Mal von Schwierigkeiten begleitet, die ein regulärer Konzertbetrieb nicht kennt. Das größte Problem war oft der Gemeinschaftsraum, in dem wir auftreten sollten. Denn dort gab es in der Regel störende Geräuschquellen wie Soda-Maschinen, laut tickende Wanduhren oder jaulende Hunde. Zudem nahmen es einige Kibbuzniks mit der Zeit nicht allzu genau und kamen dazu, wenn das Konzert schon längst begonnen hatte. Die ersten Reihen waren anfangs immer leer; die Zuhörer setzten sich hinten in die Nähe der Tür, um den Saal unbemerkt verlassen zu können, falls ihnen die Musik nicht gefiel. Meist füllten sich nach einer Weile aber auch die vorderen Reihen – offensichtlich gab es eine Art stille Post, die den nicht Anwesenden die Nachricht überbrachte, dass es sich doch lohne … Nachdem sich solche und ähnliche Erlebnisse wiederholten, stellten wir Bedingungen: keine Hunde, keine Maschinen, pünktlicher Beginn! Von diesem Zeitpunkt an wurde es merklich besser.

Einmal war unser Quintett zu einem Kibbuz aufgebrochen, und vor Ort stellten wir fest, dass wie so oft der Gemeinschaftsraum mit einem Steinboden ausgelegt war. Um die Akustik zu verbessern, baten wir um einige Holzplanken; wir wollten unsere Stühle daraufstellen. Der Wunsch wurde uns sogleich erfüllt, und das Konzert begann. Leider konnten wir uns dann sehr schlecht auf die Musik einlassen, denn es stank erbärmlich. Wir verdächtigten uns alle

Jerusalem, Anfang der Siebzigerjahre auf einem jüdischen Familienfest

gegenseitig, Ursache dieser Belästigung zu sein. Vor lauter Lachen mussten wir das Konzert unterbrechen und untersuchten die Umgebung. Klar, es war das Holz! Wie wir erfuhren, hatte es kurz zuvor noch im Kuhstall gelegen … Wir pfiffen dann auf die Akustik, die Gülleplanken wurden freundlicherweise entfernt.

Heute kann ich rückblickend feststellen, dass ich drei Herausforderungen bestanden habe, die auf keiner Akademie vermittelt werden: Ich habe auf Hochzeiten, vor Soldaten und im Kibbuz gespielt – und war damit bestens vorbereitet für die Auftritte auf den großen Konzertbühnen.

Doch zurück zu meinen Anfängen im Orchester: Mit gerade einmal einundzwanzig Jahren war ich das jüngste Orchestermitglied in einem der renommiertesten Häuser weltweit. Die Gage, die ich bezog, war wahrscheinlich höher als die des damaligen Premierministers. Wir waren der Stolz des Landes, die Orchestermitglieder stammten größtenteils

Diese Aufnahme ist 1978 in Israel entstanden – sie traten unter Obstbäumen und Stromleitungen in einem Kibbuz auf. Der Gitarrist und der Kontrabassist stammten beide aus der Sowjetunion.

aus Osteuropa, dazu kamen Jeckes, also deutsche Juden, und Sabres, die in Israel geborenen Juden.

Das Orchester war 1936 von dem polnischen Geiger Bronislaw Huberman unter dem Namen Palestine Symphony Orchestra gegründet worden. Das erste Konzert fand am 26. Dezember 1936 in Tel Aviv statt. Arturo Toscanini dirigierte Johannes Brahms' 2. Sinfonie und Carl Maria von Webers *Oberon*-Ouvertüre. Großzügig, wie er war, nahm er keine Gage, sondern bekannte: »Ich tue das für die Menschheit!«

Seit seiner Gründung war dieses Orchester auf das engste mit dem Land und den Menschen, die dort lebten, verbunden. So spielten die Musiker bei der Erklärung der Unabhängigkeit im Stadtmuseum von Tel Aviv zum ersten Mal die *Hatikwa,* die Nationalhymne des neu gegründeten Staates. *Hatikwa* heißt »Hoffnung« ... Und sechs Monate später, im November 1948, reiste das Orchester mitten im Krieg an die Front nach Be'er Sheva und spielte dort unter der Leitung von Leonard Bernstein, der auch als Solist auftrat, vor fünftausend Soldaten in den Dünen das B-Dur-Klavierkonzert von Mozart – in Hörweite der ägyptischen Truppen, die geschlagen den Rückzug antraten.

Mit der staatlichen Unabhängigkeit gab sich das Orchester sogleich einen neuen Namen: *Israel Philharmonic Orchestra.*

Nach wenigen Jahren schon besaß das Orchester einen Ruf, der weit über die Grenzen Israels hinausreichte. Es hatte erfolgreiche Tourneen in den USA und in Europa hinter sich, wo es unter anderem von Papst Pius XII. empfangen worden war. Namhafte Dirigenten hatten das Orchester ebenso geleitet wie verheißungsvolle Talente, die am Beginn einer Weltkarriere standen, darunter Sergej Koussewizki und sein Schüler Leonard Bernstein, Paul Kletzki, Sergiu Celibidache und Carlo Maria Giulini; hier hatten bereits die Geiger Jasha Heifetz, Yehudi Menuhin und Isaac Stern, der Cellist Paul Tortellier und die Pianisten Arthur Rubinstein und Claudio Arrau gespielt. Unter Paul Kletzki hatte das Orchester seine ersten Schallplatten eingespielt: die Sinfonien von Gustav Mahler.

Wenige Wochen bevor ich meine Musikerlaufbahn in diesem Orchester begann, hatte es ein neues Zuhause gefunden: das Frederic-R.-Mann-Auditorium in Tel Aviv. Der Name des Konzertgebäudes, das zweitausendachthundert Zuhörern Platz anbietet, geht auf den gleichnamigen

Förderer zurück, ohne dessen Anstrengungen der Bau nicht zu realisieren gewesen wäre. Das Eröffnungskonzert am 1. Oktober hatte wiederum Leonard Bernstein geleitet, als Solist war Arthur Rubinstein aufgetreten. Das Mann-Auditorium war ein elegantes und sehr modernes Gebäude, das den ganzen Stolz der jungen Nation widerspiegelte und dem Orchester hervorragende Arbeitsbedingungen bot.

Der Aufschwung des Orchesters setzte sich in den folgenden Jahren fort. Wir begrüßten weitere großartige Musiker in unserer Mitte, unter ihnen den russischen Geiger David Oistrach und seinen Landsmann, den Cellisten Mstislav Rostropowitsch. An ein Erlebnis mit ihm erinnere ich mich bis heute lebhaft: Bei einem Konzert riss ihm eine Saite seines Cellos. Uns stockte der Atem. Doch innerhalb weniger Sekunden tauschte er sein Instrument mit dem des ersten Cellisten. Dieses Cello war bestimmt ein hochwertiges Instrument – aber sicher nicht so gut wie das von Rostropowitsch. Doch als der große Künstler auf ihm spielte, klang die Musik genauso, als hielte er sein eigenes Instrument in den Händen. Es ist eben oft weniger das Instrument als vielmehr der Künstler, der den besonderen Klang erschafft.

Zurück zu unserem Orchester, das auch jungen aufstrebenden Talenten eine Bühne bot: den Geigern Itzhak Perlman und Pinchas Zukerman sowie den Pianisten Daniel Barenboim und Glenn Gould. Schließlich arbeiteten wir auch mit Georg Solti und Lorin Maazel – eines meiner lustigsten Erlebnisse mit ihm liegt über vierzig Jahre zurück. Bei einer Orchesterprobe kurz vor dem Beginn des Konzerts kam der Tourmanager auf die Bühne und rief: »Wer hat Schuhgröße 42?« Offensichtlich dachte ich in dem Moment nicht über die möglichen Konsequenzen dieser Frage nach, denn ich hob meine Hand. »Ziehen Sie bitte die Schuhe aus, es eilt«, wurde mir mitgeteilt. Denn der Dirigent des Abends, Lorin Maazel, hatte seine Konzertschuhe im Hotel stehen lassen und brauchte dringend Ersatz – und das waren meine Schuhe. Ich habe verdrängt, wie ich das Konzert überstanden habe. Auf Strümpfen? Es muss so gewesen sein. Warum hätte ich ein zweites Paar Schuhe dabeihaben sollen?

1961 kam ein junger indischer Dirigent zu uns, der das Orchester für die nächsten Jahrzehnte prägen sollte; er war im gleichen Jahr geboren wir ich und damals noch nicht ganz sechsundzwanzig Jahre alt: Zubin Mehta.

Wie sehr er unserem Orchester verbunden war, zeigte sich im Juni 1967. Der österreichische Dirigent Erich Leinsdorf spielte mit uns gerade eine Konzertreihe. Als der Sechstagekrieg bevorstand, verließ er – wie so viele andere – Israel Hals über Kopf. Zubin Mehta war in jenen Tagen in Puerto Rico, und als er von dieser »Flucht« hörte, setzte er alle Hebel in Bewegung, um so schnell als möglich nach Israel zu kommen. Schließlich fand er ein Flugzeug, das Munition ins Land brachte …

Ich selbst hatte während des Sechstagekrieges ein denkwürdiges Erlebnis in einem Lazarett. Dort wurde ich in einen Raum geführt, in dem normalerweise zehn Kranke untergebracht waren. Doch nun lagen dort mehr als dreißig verwundete Soldaten, die ich besuchte, Israelis und Araber, Bett an Bett und von denselben Ärzten und Krankenschwestern betreut. Jeder der Verletzten durfte sich ein Musikstück wünschen, das ich für ihn spielte. Ein israelischer Soldat bat mich um ein Stück von Mozart. Nachdem ich es gespielt hatte, trat ich ans nächste Bett und fragte einen Araber nach seinem Musikwunsch. »Spiel mir doch bitte das gleiche Stück wie eben. Es klang so schön.« Für diesen Araber war es nicht die Musik Mozarts, den er sicher nicht kannte. Es war einfach eine schöne Melodie, die ihn genauso tief berührte wie seinen vermeintlichen Feind. Wer diese Musik komponiert hatte, spielte in diesem Moment überhaupt keine Rolle.

Nach einem Konzert vor Soldaten, kam einer der Zuhörer anschließend auf mich zu und dankte mir mit den Worten: »Wenn du spielst, fühle ich meinen Schmerz nicht.«

Als die israelische Armee Ost-Jerusalem erobert hatte, reiste Leonard Bernstein aus Freude über die Wiedervereinigung Jerusalems aus den USA an und dirigierte im Amphitheater auf dem Berg Skopus, unweit der Hebräischen Universität und des Hadassah-Krankenhauses, ein Konzert unseres Orchesters, bei dem die Auferstehungssinfonie von Gustav Mahler zur Aufführung kam. David Ben Gurion, Golda Meir und Moshe Dajan saßen unter den Zuhörern neben Kriegerwitwen, Kriegsverletzten und Kriegswaisen. Zubin Mehta führte kurz darauf Giuseppe Verdis Requiem in Bethlehem auf – das *Israel Philharmonic Orchestra* wurde in jenen Tagen zu einer nationalen Ikone.

Anfang der Siebzigerjahre wurden wir nach und nach zu den großen europäischen Festivals eingeladen; wir traten unter anderem in Salzburg auf und bekamen eine Einladung, in Berlin zu spielen. Daraufhin entbrannte eine sehr leidenschaftlich geführte Diskussion, ob man in jener Stadt, in der der Holocaust geplant worden war, als jüdisches Orchester auftreten könne. Zubin Mehta befürwortete die Reise nach Berlin und setzte sich schließlich durch. Es gab auch zu jener Zeit noch starke Vorbehalte gegen ein solches Engagement. Immerhin galt noch der Beschluss aus dem

Jahr 1938, als Bronislaw Huberman im Angesicht der Reichspogromnacht verkündet hatte, fortan werde das Orchester keine Musik von Richard Wagner mehr spielen.

Achtzehn Jahre lang gehörte ich diesem Orchester an; es war eine spannende, eine bewegende Zeit. Wir spielten nicht nur in Tel Aviv und weltweit in anderen großen Philharmonien, sondern auch an den Brennpunkten des politischen Geschehens – wie 1973 während des Jom-Kippur-Krieges auf den Golan-Höhen. Ich hatte all die Jahre Gelegenheit, mit den besten Dirigenten und Solisten zu arbeiten, und genoss viele Privilegien. Zwar war es wie erwähnt üblich, nebenbei Radio-Aufnahmen zu machen oder anderen Tätigkeiten nachzugehen, aber natürlich durften diese Nebentätigkeiten nicht auch nur ansatzweise den normalen und reibungslosen Ablauf inklusive aller Proben, Auftritte und Tourneen stören. Für mich wurden allerdings oft Ausnahmen gemacht, da ich mich bereits als Klezmer-Musiker profiliert hatte. Mit der Zeit jedoch wurde das alles zu viel. Solo-Auftritte kollidierten mit Orchester-Proben, Studio-Termine ließen sich nicht verschieben, es ging einfach nicht mehr. Mir wurde klar, dass ich etwas verändern musste. Damit begann der sehr schmerzhafte Ablösungsprozess von diesem großartigen Orchester, das mir über so viele Jahre hinweg eine musikalische Heimat gewesen war.

Der entscheidende Grund, mich mit ganzer Kraft meinen Klezmer-Projekten zu widmen, waren letztlich meine Augen. Mitte der Siebzigerjahre verschlechterte sich meine Sehfähigkeit rapide. Mehrfach kehrte ich weinend von Proben und Konzerten nach Hause zurück, weil ich wieder einmal die Noten und die kleinen Gesten des Dirigenten

Ora Bat Chaim – sie hat ganz wesentlich dazu beigetragen, dass ich das zweitausend Jahre alte spirituelle Erbe der Juden als Klezmer musikalisch in die Welt tragen konnte. Sie hat mich nicht nur als Ehefrau und Managerin in meiner Arbeit unterstützt, sondern auch als Komponistin. Ihre Werke haben mein Repertoire im Bereich der zeitgenössischen Musik und damit gleichermaßen mein musikalisches Bewusstsein erweitert.

nur wie durch einen Schleier hatte ausmachen können. Ich war verzweifelt. Noch keine vierzig Jahre alt, schien meine Laufbahn als Berufsmusiker vor dem Ende zu stehen. Alles, was ich mir bisher erarbeitet hatte, drohte verloren zu gehen. Ich musste also Abschied nehmen von diesem Orchester. Diese Entwicklung war eine große Herausforderung und eine schwere Prüfung.

Doch das war nicht die einzige Veränderung. Zu den wachsenden Beschwerden mit den Augen waren schon länger private Schwierigkeiten gekommen. Noch in Argentinien hatte ich mit vierzehn Jahren in der zionistischen Bewegung ein Mädchen kennengelernt, das jedoch bald schon mit seinen Eltern nach Israel auswanderte. Wie es der Zufall wollte, traf ich sie dort wieder. Der Rest ist schnell erzählt: Wir verliebten uns ineinander, heirateten und bekamen zwei reizende Töchter: Orit und Michal. Meine Frau war Krankenschwester, und wir hatten wechselseitig kaum Interesse an unseren Berufen. Wie es häufig so ist, lebten wir uns auseinander und stellten irgendwann fest, dass es so nicht weitergehen konnte.

Inzwischen hatte ich Ora Yariv kennen- und schätzen gelernt. Sie war ebenfalls verheiratet gewesen und hatte einen Sohn: Ron.

»Dito, sei vorsichtig, du hast schon einmal einen Fehler gemacht«, war das Einzige, was meine kluge und tolerante Mutter zu mir sagte, als ich ihr von meiner bevorstehenden Scheidung und meiner neuen Liebe Ora erzählte. Letztendlich liebten sie sich dann sehr, meine Mutter und meine zweite Frau. Ora war wie eine Tochter für sie, die sie ja selbst nicht hatte. Eigentlich vertrugen die beiden sich besser als Ora und ihre eigene Mutter. Mutter-Tochter-Beziehungen sind manchmal ja ein bisschen schwierig.

Diese Zeit der Trennungen war sehr schmerzhaft für alle Beteiligten, mehr möchte ich dazu aber gar nicht sagen, aus tiefem Respekt, den ich für alle Familienangehörigen empfinde.

Als Ora und ich uns füreinander entschieden hatten, mit allen Konsequenzen, lebten wir mit ihrem Sohn Ron unter einem Dach. Meine Töchter blieben bei ihrer Mutter, die als

OP-Schwester arbeitete und sich wirklich phantastisch um die Kinder kümmerte. Ich sah sie alle drei nur noch selten – wegen meiner beruflichen Verpflichtungen, die mich mehr und mehr ins Ausland führten.

Ora unterstützte mich in dieser Zeit sehr. Sie wusste, wie sehr ich unter meinen Augenproblemen litt, und half mir beim Abschied von »meinem« Orchester.

Ora und ich sind nun seit mehr als fünfunddreißig Jahren verheiratet. Anfangs arbeitete sie als meine Managerin, und eines betont sie bis heute: Niemals wollte sie einen Musiker heiraten.

Sie ist genauso alt wie ich, aber eine waschechte *Sabra* – seit sechs Generationen lebte ihre Familie schon in Israel. In unserer Beziehung ist sie aber ganz klar die erwachsenere Persönlichkeit. In all den Jahren habe ich sie niemals sagen hören: »Ich weiß nicht …«, oder: »Ich glaube …« Sie zweifelt nicht, sie tut das, was sie für richtig hält. Das war immer so und ist bis heute so geblieben.

Ohne sie wäre mein Werdegang, ich verzichte hier bewusst auf den Begriff Karriere, niemals in dieser Form möglich gewesen. Nie! Ora sah voraus, was ich den Menschen geben möchte, geben kann und geben muss. Und sie hat Mittel und Wege gefunden, das zu ermöglichen. Eine großartige Frau!

Dabei waren die Verhältnisse in unserer Patchwork-Familie anfangs beileibe nicht einfach, aber es funktionierte auf eine verlässliche Art und Weise. Denn Ora ist eine starke Frau, sie denkt weit über den Tag hinaus, glaubt an das, was sie tut, und ist in allem hochprofessionell. Als Schülerin spielte sie Cello. Nach ihrem Schulabschluss war sie in der Verwaltung verschiedener Bühnen beschäftigt und lei-

1979 waren Ora und ich Gast des amerikanischen Botschafters in Israel, Samuel W. Lewis.

tete das *Zavit Theater*, eines der besten israelischen Avantgarde-Theater. Als ich sie kennenlernte, arbeitete sie als freischaffende Produzentin und stellte in Zusammenarbeit mit renommierten israelischen Künstlern sehr erfolgreich zahlreiche Theater- und Musikproduktionen zusammen, die landesweit aufgeführt wurden.

Irgendjemand muss ihr dann erzählt haben, dass ich wohl in absehbarer Zeit einen Manager brauchen würde, vielleicht kannte sie mich auch schon aus den Medien oder hatte mich im Rundfunk gehört. Auf jeden Fall besuchte Ora eines meiner Konzerte, und wir lernten uns kennen.

Sie war natürlich kein unbeschriebenes Blatt für mich, jeder im Kulturbetrieb kannte damals ihren Namen. Für sie stand immer die Qualität im Vordergrund, und sie übernahm nie Projekte, von denen sie nicht selbst restlos überzeugt war. Von Anfang an wünschte ich mir ihre Unterstützung, ich wusste ja, wie gut sie war. Wir wurden uns glücklicherweise »handelseinig«, und Ora beendete alle ihre anderen Verpflichtungen, um sich ganz auf die Arbeit mit mir zu konzentrieren. Die Verträge haben wir in ihrem Büro ausgearbeitet, das war ein einzelnes Zimmer, das sie in der Wohnung einer älteren Dame angemietet hatte.

Mit ihrer Kraft und ihrem Engagement schaffte sie es später dann auch, einen guten Kontakt zwischen meinen Töchtern und uns aufzubauen. Gott sei Dank hat Ora das hinbekommen, ich hätte es nicht geschafft.

Erst mit etwa fünfzig entdeckte Ora, dass sie komponieren und malen kann. Seither sind mehr als vierhundert Musikstücke entstanden, und überall in unseren Häusern in Massachusetts und in Tel Aviv hängen ihre großartigen Gemälde. Sie ist eben nicht nur eine sehr begabte Managerin, sondern auch eine empfindsame Künstlerin. Das ist eine äußerst seltene Mischung. Ihr Künstlername ist Ora Bat Chaim, und ich spiele ihre Kompositionen sehr oft, und auf vielen meiner CDs finden sich Stücke von ihr. 1997 und 2003 bekam ich den ECHO-Klassik-Preis in der Kategorie »Klassik ohne Grenzen« verliehen – aber eigentlich gebührt der Preis meiner Frau, denn sie ist die Komponistin der prämierten Aufnahmen *Silence and Beyond* sowie *Love*.

Seit vierzig Jahren ist Ora in die künstlerische und musikalische Produktion meiner Schallplatten und CDs eingebunden und für die Auswahl und Anordnung der Titel verantwortlich. Das ist eine ganz entscheidende und sensible Aufgabe, denn es muss sich eine Beziehung zwischen meiner Musik und den Hörern aufbauen. Hierfür braucht es die richtige Energie. Nach wie vor ist Ora mein engster künstlerischer Partner und Berater.

Als unsere Kinder alt genug waren, um hin und wieder eine Weile auf uns verzichten zu können, reiste sie mehr als zwanzig Jahre lang mit mir von Konzert zu Konzert und kümmerte sich um die gesamte Organisation.

Mittlerweile hat sie ihren ganz eigenen künstlerischen und spirituellen Weg gefunden und widmet sich in Meditation und intensivem Studium der aus China stammenden *Falun-Dafa*-Bewegung und deren Werten Wahrhaftigkeit, Mitgefühl und Toleranz.

In den Siebzigerjahren jedoch war sie die treibende Kraft auf meinem Weg zum Solo-Klarinettisten. Zu Beginn unserer Zusammenarbeit hatte sie angekündigt: »Es ist meine Mission, Giora und die jüdische Musik in die Konzertsäle der Welt zu bringen.« Die Welt – das waren damals vor allem die Vereinigten Staaten von Amerika.

Die Sprache der Seele

Das Lied war selbst in den
Ghettos und Vernichtungslagern
noch das verbindende Element.
Klezmer als letzte Quelle der Kraft und Hoffnung
auf ein Dasein jenseits von Hass und Kampf.
Wundervolle Musik als Nahrung der Seele.
Ein Körper kann zerstört werden.
Doch die Seele bleibt.

Me'a She'arim, zu Deutsch *Hundert Tore*, ist ein sehr altes Stadtviertel von Jerusalem – eine kleine Stadt inmitten der turbulenten Metropole, die ein deutscher Architekt in den Siebzigerjahren des 19. Jahrhunderts geplant hat. Anlass war der Wunsch strenggläubiger Juden nach einem Wohnviertel, das mehr Raum bot als die enge Altstadt. Nach und nach siedelten sich hier auch orthodoxe Juden aus Osteuropa an. *Me'a She'arim* wurde in einem Radio-Feature des Südwestrundfunks über Klezmer-Musik einmal ein »freiwilliges Ghetto« genannt. Hier scheint die Zeit stehen geblieben zu sein. Die Bewohner von *Me'a She'arim* leben außerhalb unserer Vorstellungen. Zeit spielt keine Rolle, ebenso wenig die Anfechtungen der modernen Konsumwelt. Ihre Welt ist die Welt der Bibel, die sie wortgetreu auslegen und deren Gesetze sie achten wie zu Zeiten des Tempels.

Ich habe keine besondere Beziehung zum orthodoxen Judentum, aber ich interessiere mich für die Menschen, die dort leben.

Vor einigen Jahren nun ergab es sich, dass ich einen Thora-Schreiber mit Namen Jechiel Frank in *Me'a She'arim* besuchte. Jechiel ist noch jung, aber er hatte damals schon eine große Familie mit vielen, vielen Kindern. Und Jechiel ist ein Klezmer. Er hat nie gelernt, Noten zu lesen; was er spielt, hat er von seinen Vorfahren übernommen. Wenn er mit seinen Freunden zu Purim auf der Bühne vor den Honoratioren des Viertels steht und musiziert, dann spricht eine ungetrübte Lebensfreude aus dieser Musik – es ist der

Dank an den Ewigen für die Rettung vor dem persischen Beamten Haman, der alle Juden des Perserreiches ausrotten wollte – das biblische Buch Ester erzählt diese Geschichte. Alljährlich an Purim wird daran erinnert, es ist ein ausgelassenes, ein fröhliches Fest, an dem jegliche Trauer untersagt ist – und auch das Fasten: An Purim wird immer gut gegessen und getrunken. Wer je zu diesem Anlass in *Me'a She'arim* gewesen ist und Jechiel und seinen Freunden gelauscht hat, versteht, was Klezmer ist: Musik, die von Generation zu Generation weitergegeben wird und bei jedem Spiel wieder aufs Neue entsteht; Musik, die aus dem tiefsten Innern kommt und sich in ihrer Freude allen anderen mitteilt. Ich bewundere Jechiel und seine Freunde für diese Musik – obwohl das orthodoxe Judentum nicht meine Welt ist. Immerhin habe ich eine solch gute Beziehung zu den Menschen, die dort leben, dass ich ohne Kippa in das Viertel darf – aber nicht ohne meine Klarinette!

Ich erzähle diese Geschichte, weil sie deutlich macht, wie wenig die meisten Menschen im Westen über den Klezmer wissen. Dort, im Westen, herrscht alles andere als Einmütigkeit über die Frage, was Klezmer sei. Nicht einmal die, die ihn spielen, sind sich einig.

Landläufig versteht man unter Klezmer die traditionelle Musik der osteuropäischen Juden. Viele Stücke aus den aktuellen Repertoires der Klezmer-Bands sind uns aus dem 19. Jahrhundert überliefert, und es gibt nicht wenige Klezmorim, die an dieser Tradition festhalten möchten und sie als unverrückbar betrachten.

Ich vertrete eine völlig andere Auffassung. Natürlich, die Wurzeln dieser Musik liegen in Osteuropa, vor allem in Bessarabien, woher meine Familie stammt. Die Klezmorim wanderten ursprünglich von *Shtetl* zu *Shtetl* und spielten auf Hochzeiten, Trauerfeiern, *Bar Mizwas,* sie spielten an den jüdischen Feiertagen oder auch einfach nur auf Tanzveranstaltungen. Die hohe Kunst bestand darin, die unterschiedlichsten Gefühle dieser Umwelt musikalisch auszudrücken – Melancholie, Angst, Verzweiflung, Freude, Ausgelassenheit; all das, was wir Menschen empfinden.

Mit den großen Auswanderungswellen gegen Ende des 19. und zu Beginn des 20. Jahrhunderts nahmen die Klezmorim ihre Musik mit in die neue Heimat. Dort verschmolz dieses Erbe mit den vorhandenen Musikstilen – in Nordamerika waren es der Blues und der Jazz; in meiner Heimat war es der Tango. Und als 1948 der Staat Israel ausgerufen wurde und Juden aus aller Welt nach *Eretz Israel* zurückkehrten, brachten sie natürlich auch ihre Musik mit. Und all diese unterschiedlichen Traditionen trafen dort aufeinander, vermischten sich mit arabischen und nordafrikanischen Einflüssen und wurden zur Musik eines Volkes, das nach zweitausend Jahren wieder ein Volk sein durfte, seine Identität aber erst noch finden musste.

Was also ist Klezmer?

Mein Freund und Musikerkollege Helmut Eisel hat dies einmal in einfachen Worten beschrieben – er ist einer der wenigen Menschen, die meinen besonderen spirituellen Zugang zur Musik wirklich begriffen haben. Er unterscheidet drei Möglichkeiten, Klezmer zu definieren: Erstens können wir Musik aufgrund ihrer Rhythmen, Akkorde und Tonleitern als Klezmer bezeichnen. Zweitens können wir Klezmer als Musik wandernder jüdischer Musiker charakterisieren, die bei vielerlei Gelegenheiten im *Shtetl* aufspielten. Und drittens schließlich können wir Klezmer als eine Geisteshaltung bezeichnen: Wer aus einer inneren Haltung

Musik weitergibt, statt sie zu reproduzieren, wer sich also als ein »Gefäß des Liedes« begreift (denn nichts anderes heißt *Kli Zemer*), der ist ein Klezmer.

Die dritte Möglichkeit entspricht meiner Auffassung von Klezmer. Deshalb muss man auch nicht notwendig Jude sein, um Klezmer zu spielen. Ich bin fest davon überzeugt, dass jeder Mensch ein Klezmer sein kann, unabhängig davon, woher er kommt und an welchen Gott er glaubt. Als ich das erste Mal George Gershwins großartige *Rhapsody in Blue* gehört habe, wurde mir schlagartig klar: Gershwin ist Klezmer!

Die ursprüngliche Musik der osteuropäischen Juden ist eng verwandt mit dem Jazz, dem Blues, teilweise auch mit der klassischen europäischen Musik. Die Grenzen, die viele Menschen zwischen diesen Musiktraditionen ziehen, sind deshalb in meinen Augen willkürlich. Es gibt nur Musik – und das, worauf es ankommt, ist die Art und Weise, wie wir Musik ausdrücken.

Als ein »Gefäß des Liedes« haben wir Klezmorim die Aufgabe, die Musik, die in uns ist, für andere hörbar zu machen. Wir geben Musik weiter. Wir sind die Überbringer des Liedes. Wir nutzen unsere Stimme als Instrument und sprechen damit eine Sprache, die wir Musik nennen. Und mit den Bewegungen unseres Körpers sprechen wir eine Sprache, die wir Tanz nennen. Wir gehen, wir sprechen, wir singen, wir tanzen. Alles verbindet sich zu einer Einheit.

Der allererste Klezmer-Musiker war der Legende nach König David. Er legte die Lyra, dieses besondere Musikinstrument so in den Wind, dass es die schönsten Töne hervorbrachte – der Klang ist bereits im Wind vorhanden, genauso wie die Melodie in unserem Atem. Es ist die vollkommenste Art zu musizieren.

Musik besitzt eine mystische, eine stille Seite. Wie durch religiöse Kontemplation neue Einsichten gewonnen werden, so können auch durch musikalische Kontemplation Einsichten vermittelt werden. Das freilich setzt voraus, dass die Zuschauer nicht als Konsumenten, sondern als Teil einer musikalischen Erfahrung mit einbezogen werden. Ich vermittle Musik – deshalb komme ich aus dem Publikum heraus auf die Bühne; deshalb wird in meinen Konzerten gesungen; deshalb klingt das letzte Stück leise aus und kann in den Köpfen und Herzen der Zuhörer weiterklingen. Der Wechsel von Stille und Musik, von leiser und manchmal auch lauter Musik schafft eine Atmosphäre höchster gemeinsamer Konzentration. Der Applaus ist im besten Fall nicht mehr Anerkennung für die Musik, sondern er baut Spannung ab und ermöglicht einen weiteren Schritt auf dem Weg gemeinsamer musikalischer Erfahrung.

Im Konzert vermittle ich anderen Menschen meine innere Stimme. Das ist das Entscheidende: Ich möchte zum Ausdruck bringen, was in mir ist, meine ureigene Wahrheit, meine Kultur. Und wenn mir das gelingt, werde ich überall auf der Welt verstanden.

Ein *Nigun*, eine traditionelle jüdische Weise, ist ein universales Mittel, um diese Kommunikation zu ermöglichen; es kann alle meine Gefühle auf andere übertragen. Also nehme ich diese eine Melodie und drücke mit ihrer Hilfe aus, was meine innere Stimme vorgibt – technisch gesehen ist das eine Improvisation, eine Neuschöpfung, eine Neuinterpretation, die für diesen einen Moment gültig ist.

Was also ist Klezmer?
Klezmer ist eine Lebensart. Der Musik kam neben der

religiösen Bedeutung im Wesentlichen immer die Aufgabe zu, den Lebensmut zu nähren und den Zusammenhalt und die Gemeinschaft zu stärken – Gefühle auszudrücken, die Sprache nicht ausdrücken kann oder für die es keine gemeinsame Sprache gab. Die großen Klezmorim, wie Dave Tarras, Naftule Brandwein, Sam Libermann oder Leo Feidman, mein Vater, waren Meister darin, der jüdischen Gesellschaft diese spirituelle Nahrung zu geben, Musik als ein Bindeglied der jüdischen Gemeinschaft zu begreifen, deren musikalische Sprache Jiddisch war.

Und das ist der allergrößte Unterschied zwischen ihnen und mir: Sie spielten auf Jiddisch – ich spiele auf Hebräisch. Die Klezmer-Musik meines Vaters war die der Diaspora-Juden, sozusagen die jiddische Version dieser uralten wunderbaren Melodien. Meine ist die israelische Variante, die sagt: Wir sind nach zweitausend Jahren zurück.

Und ja, Klezmer ist ein Prozess, eine Form von Freiheit.

So wie ich Klezmer verstehe, entwickelte ich meinen musikalischen Ausdruck, indem ich als Jude und Teil einer israelischen Gesellschaft die gemeinsame musikalische Sprache spreche und diese weltweit in die Konzerthäuser und religiösen Versammlungsstätten trage. Musik ist Seele und daher Ausdruck der Lebenswirklichkeit der Gesellschaft und der gemeinsamen Sprache ihrer Menschen, die sich einfach geändert hat.

Die großen Klezmorim, von denen wir gelernt haben, sprachen jiddisch, ich spreche hebräisch. Unsere musikalischen Sprachen sind unterschiedlich, weil sie Teil der jüdischen Diaspora-Gesellschaft waren und ich Teil der israelischen Gesellschaft bin.

Giora Feidman, 1951

oben: *Giora Feidman, um 1975*
rechts: *Giora Feidman auf der Stadtmauer von Jerusalem;*
die Aufnahme entstand Mitte der Siebzigerjahre
für eine Künstlerbroschüre.

oben: *Giora Feidman in der Carnegie Hall*
rechts: *Das Giora Feidman Trio in der zweiten Hälfte
der Achtzigerjahre, aufgenommen in New York; links
Roberto Pansera, der mit Astor Piazzolla gearbeitet und
viele Tango-Titel für Giora Feidman arrangiert hat; rechts
Tony Falanga am Kontrabass. In dieser Besetzung sind die
drei in den Achtziger- und Neunzigerjahren aufgetreten.*

Giora Feidman Ende der Neunzigerjahre;
links Brad Catler, Percussion, daneben Tony Falanga,
Kontrabass, rechts Freddy Bryant, Gitarre.

Mit einem Klezmer-Jugendensemble in Rostock, 2008

Giora Feidman heute

Richtig bewusst wurde mir der Unterschied ganz am Anfang, als ich gerade in Israel angekommen war. Während einer der damals üblichen Live-Einspielungen im Rundfunk-Studio spielten einige andere Musiker und ich chassidische Musik. Als wir das Stück eingespielt hatten, fragte ich meinen Freund Gil Aldema, den musikalischen Leiter, ob ich das Stück noch einmal in dem Stil spielen könne, den ich von meinem Vater gelernt hatte. Das war der Stil, den das Publikum als Klezmer beschrieb. Der Effekt war unglaublich! Unser Auftritt wurde sehr stark wahrgenommen – damals hörten ja alle Leute Radio –, und weil die Musik so positiv aufgenommen wurde, wurde sie ständig im Radio wiederholt. *Silk Pyjama* hieß die Melodie, die einen regelrechten Klezmer-Boom auslöste. Offensichtlich brauchte die neue Gesellschaft exakt diese »neue« und doch uralte Musik.

Im *Israel Philharmonic Orchestra,* dessen Mitglied ich zu dieser Zeit ja war, waren die Meinungen geteilt. Die Jeckes, die deutschstämmigen Kollegen im Orchester, standen meiner neuen Art, Klezmer zu spielen, eher ablehnend gegenüber. Die aus Russland und anderen osteuropäischen Ländern eingewanderten Musiker dagegen waren begeistert und nahmen die Musik ohne Zögern an. »Du bist ein echter Klezmer«, sagten mir viele Kollegen anerkennend. Und das waren ebendie, die von Kindesbeinen an mit dieser Art von Musik aufgewachsen waren.

Vor vierzig Jahren dann – ich hatte damals mit meinem Trio schon einige Klezmer-Schallplatten eingespielt – fand in Israel das erste chassidische Festival statt. Dort stellte sich mir jemand mit dem Namen Musa Berlin vor. Er war damals der bedeutendste Klezmer in Israel, und ich fühlte mich sehr geehrt, als er mich fragte, ob ich sein Lehrer werden wolle. Die Geschichte hat sich anders entwickelt, nicht ich wurde sein Lehrer, sondern er wurde mein musikalischer Rabbi. Er brachte mich nach Safed, der Heimat der Kabbala, wo ich Klezmorim getroffen habe, die schon seit Generationen dort leben. Und ich habe Musik kennengelernt, die ich vorher nicht kannte. Musik mit unglaublichen Einflüssen aus arabischen und türkischen Traditionen, die mir das Verhältnis von Arabern und Juden in früheren Zeiten näherbrachte. Ich danke Musa von ganzem Herzen, dass er mir dieses reiche musikalische Wissen vermittelt hat.

Klezmer-Musiker wurden früher, das heißt: als mein Vater als kleiner Junge mit meinem Großvater gemeinsam auftrat, in den osteuropäischen *Shtetln* für ihre Auftritte nicht bezahlt. Statt einer Gage bekamen sie eine Art Trinkgeld von den Hochzeitsgästen und Lebensmittel, zum Beispiel ein Suppenhuhn oder ein paar gekochte Kartoffeln. Sie mussten ein nahezu unerschöpfliches Repertoire an Stücken haben, denn die Musiker gingen von Tisch zu Tisch und spielten dann das, was gewünscht wurde.

Ähnlich machen es übrigens auch die Mariachi. In Mexiko, vor allem im zentralen Hochland, ist die Musik der Mariachi bis heute fester Bestandteil mexikanischer Identität und Volkskultur. Es gibt keinen Anlass, zu dem sie nicht aufspielen. Die Ähnlichkeiten mit den Klezmorim sind verblüffend, als seien sie gemeinsam im selben Mutterleib gewesen!

Wie sehr sich das Ansehen eines Klezmers und dieser wunderbaren traditionellen Musik geändert hat, wird überdeutlich beim Blick auf die *Academia of Musica* in Jerusalem:

Unter meiner Leitung gibt es dort seit vergangenem Herbst eine Fakultät für Klezmer-Musik. Ist das nicht großartig?

Man schaue sich nur diese Entwicklung an: Am Anfang stand die musikalische Fest-Untermalung im *Shtetl*, und nun steht Klezmer als Unterrichtsfach auf den Stundenplänen der Hochschule. Wunderbar! Oder auch nicht. Denn leider stirbt die traditionelle Hochzeits-Untermalung durch Klezmer mehr und mehr aus. Bei kaum einer nicht-orthodoxen jüdischen Hochzeit tritt heutzutage noch eine Band auf. Zumeist werden die unendlich vielen Gäste dieser völlig aufgeblähten Superpartys durch Musik vom Band unterhalten. Die Hochzeiten meiner Kinder waren glücklicherweise eine Ausnahme, ich habe bei den Feiern von Orit und Ron selbst gespielt.

Seit vielen Jahren nun ermutige ich meine Künstlerkollegen und Schüler immer wieder, neue Stücke zu schreiben – als Beitrag zu einer lebendigen Klezmer-Kultur. Auf der Suche nach immer neuen musikalischen Ausdrucksformen stehen für mich dabei weniger die Klangfarben verschiedener Instrumente im Vordergrund, sondern vielmehr die Künstler und ihr Gefühl für die Tiefe musikalischer Ausdrucksmöglichkeiten. So entstanden und entstehen aus eher zufälligen Begegnungen Einladungen an Künstlerkollegen, Partner eines solchen Erlebnisses zu werden.

Ein Klezmer in Amerika

I don't need money.
I don't need shoes.
I don't need shelter.
All I need is the blues.

Im Rahmen einer Fernsehproduktion mit dem Autor und Regisseur Jens Uwe Scheffler für den Norddeutschen Rundfunk habe ich vor Jahren einmal als Straßenmusiker auf der 5th Avenue/42nd Street mit Hut und Sonnenbrille gespielt – niemand sollte mich erkennen. Nachdem ich zu spielen begonnen hatte, wurde mir klar, dass ich zum ersten Mal die Menschen davon überzeugen muss, stehen zu bleiben, um mir zuzuhören. Am Anfang war es schrecklich, niemand blieb stehen. Alle waren auf dem Weg in die Mittagspause, um ihre Hamburger zu essen. Eine Frau hat mir einen Dollar in die Tasche gesteckt, der erste, den ich auf der Straße verdient habe. Ich habe ihn einem Obdachlosen gegeben. Der war betrunken und wollte ihn nicht, er meinte: »Du bist ja auch auf der Straße, wie ich.« Mit populären Stücken wie *If I were a rich man* aus Anatevka habe ich die Leute letztlich dazu gebracht, mir zuzuhören. Am nächsten Abend im Konzertsaal haben die Zuschauer wieder auf mich gewartet. Ich hatte eine ganz neue Erfahrung gemacht.

Warum führte mich mein Weg nach dem Abschied vom *Israel Philharmonic Orchestra* zunächst in die Vereinigten Staaten?

Damals, Ende der Siebzigerjahre, vertrat Ora vehement die Auffassung, für mich sei es unerlässlich, in den Vereinigten Staaten, in New York, der wichtigsten Kultur-Stadt der Welt, präsent zu sein. Und ich war voller Enthusiasmus und Ehrgeiz und wollte auch dort ein erfolgreicher Künstler werden! Jeden Tag gab es in New York mehr als zweihundertfünfzig kulturelle Veranstaltungen, Tag für Tag, Woche für Woche, Jahr für Jahr. Ohne Pause. Für mich als Musiker war es eine riesige Herausforderung, dort meinen Platz zu finden, zu überleben und das äußerst anspruchsvolle Publikum von mir zu überzeugen.

Außerdem gab es dort große und wohlhabende jüdische Gemeinden – und dort wollten wir beginnen.

Die Vereinigten Staaten von Amerika waren seit je das Ziel Hunderttausender Juden gewesen, die in Europa unter Ausgrenzung und Verfolgung gelitten hatten. Mit der dritten großen jüdischen Einwanderungswelle kamen – nach den niederländischen und den deutschen Juden im 17. und im 19. Jahrhundert – zwischen 1880 und 1919 knapp dreihunderttausend osteuropäische und russische Juden nach Nordamerika. Es war die Zeit der großen Ozeanriesen, und die meisten Emigranten kamen mit Schiffen der *Hamburg-Amerikanischen Paketfahrt-Actien-Gesellschaft*, kurz: HAPAG, in die Neue Welt. Diese Reederei wuchs in jenen Jahrzehnten zur größten Schifffahrtslinie der Welt heran. Dieser Einwanderungsschub war bis dato der größte in der Geschichte der Vereinigten Staaten. Zu den Zuwanderern jener Jahre gehörten auch der Geiger Jasha Heifetz – ich sollte ihn Jahrzehnte später in Israel treffen – und der Dirigent Sergej Koussewikzi. Außerdem der Komponist Irving Berlin und der Schriftsteller Scholem Alejchem.

Da mit der Zahl der Zuwanderer auch die antisemitischen Tendenzen stärker wurden, grenzten sich die jüdischen Gemeinden vielfach ab und entwickelten ein eigenständiges Gemeindeleben, das sehr stark von der jiddischen Kultur Osteuropas geprägt war. Es gab eigene Wohnviertel, wie die Lower East Side in Manhattan, Synagogen, jüdische

Zeitungen und Schulen. Allein in New York konkurrierten nach Ende des Ersten Weltkriegs 22 jüdische Theater um die Gunst des Publikums. Das Jüdische Theater in der 2nd Avenue wurde mit seinen Singspielen zum Vorbild für viele Broadway-Theater. Auf der ersten Schallplatte, die jemals über eine Million Mal verkauft wurde, sangen jüdische Kantoren – begnadete Sänger, die in den Gottesdiensten in der Synagoge singen.

Kantor in einer großen jüdischen Gemeinde zu sein war seit je und ist nach wie vor ein sehr angesehener Beruf. Die Synagogen reißen sich um die besten Sänger. Kein Wunder, denn der Rabbi mit dem besten Kantor hat das vollste Gotteshaus. Einige Kantoren machten sogar als Opernsänger Karriere, beispielsweise der Amerikaner Richard Tucker. Schon als Knabenalt sang er in der Synagoge. Später wurde er zunächst Kantor am *Brooklyn Jewish Center* und gehörte nach einem Gesangsstudium für vier Jahrzehnte bis zu seinem Tod dem Ensemble der New Yorker *Metropolitan Opera* an.

In den Zwanzigerjahren gab es mit CBS und RCA nun sogar zwei Rundfunkunternehmen, die von Juden gegründet worden waren. Auch die aufstrebende Filmindustrie im kalifornischen Hollywood war geprägt von jüdischen Persönlichkeiten wie William Fox *(20th Century Fox)*, Samuel Goldwyn *(Metro-Goldwyn-Mayer)*, den Brüdern Jack, Samuel, Albert und Harold Warner *(Warner Brothers Pictures Inc.)*, dem Schauspieler Danny Kaye und dem deutschstämmigen Regisseur Ernst Lubitsch, der 1922 in die USA übersiedelte.

In den Dreißiger- und Vierzigerjahren des 20. Jahrhunderts kamen noch einmal mehr als zweihunderttausend jüdische Emigranten in die Vereinigten Staaten, darunter so großartige Künstlerpersönlichkeiten wie die Komponisten Arnold Schönberg und Kurt Weill, der Pianist Vladimir Horovitz und der Filmregisseur Billy Wilder.

Kurzum: Als ich mich 1977 zu meiner ersten Tournee in die Vereinigten Staaten aufmachte, lebten dort etwa fünfeinhalb Millionen Juden. Zum Vergleich: Israel hatte damals rund vier Millionen Einwohner, und ein nicht unbedeutender Teil davon war arabischer Herkunft. Wenn sich also außerhalb von Israel irgendwo in der Welt jemand für Klezmer interessieren würde, dann sicher in den Vereinigten Staaten.

Diese erste US-Tournee war auf drei Monate angesetzt und führte meine beiden israelischen Musikerkollegen aus meinem Trio, meine Frau Ora und mich durch das ganze Land. Wir spielten zumeist in Synagogen. Denn obwohl ich zuvor nicht als Solokünstler in Amerika aufgetreten war, kannten mich viele Musikliebhaber bereits von den Schallplatten, die ich in den Siebzigerjahren eingespielt hatte. Diese Schallplatten wurden ein großer Erfolg, nicht nur in Israel, auch in Europa und eben auch in den Vereinigten Staaten. Außerdem spielte ich regelmäßig im Rahmen der Kulturprogramme internationaler Kongresse, die in Israel tagten, und dort sahen und hörten mich amerikanische Kunden und kauften hinterher meine Schallplatten. Letztlich waren es also Juden, die mich in Nordamerika bekannt machten.

Wie auch immer, jedenfalls war ich kein Unbekannter mehr, als ich zu meiner ersten Tour durch Nordamerika aufbrach, nachdem das *Jewish Welfare Board* sich an Ora gewandt hatte und nach unserer Zusage Konzert-Termine für mein Trio organisierte.

Es waren ungewöhnliche Erfahrungen, die wir in diesen

THE GIORA FEIDMAN TRIO

In dieser Besetzung tourten wir Ende der Siebzigerjahre durch die Vereinigten Staaten: Jeff Israel, Gitarre; Peter Weitzner, Kontrabass und ich mit der Klarinette.

drei Monaten sammelten! Weil es so viele waren und ich später noch häufig in den Vereinigten Staaten gastierte, erinnere ich mich nicht mehr an die Namen der Städte, in denen wir auftraten. Aber ich weiß noch, dass es bei einem

Auftritt sehr stark schneite. Und als wir nach dem Konzert ins Hotel wollten, versanken wir buchstäblich im Schnee, der mehr als eineinhalb Meter hoch lag.

Wo auch immer wir auftraten, wurden wir enthusiastisch begrüßt. Der Klezmer eroberte die Herzen unserer Zuhörer. Angesichts dieses Erfolgs begannen Ora und ich darüber nachzudenken, wie es wohl wäre, in den Vereinigten Staaten zu bleiben und es wirklich und wahrhaftig dort mit einer Solokarriere zu versuchen.

Dennoch war es nicht einfach. Nach dieser ersten erfolgreichen Tournee war ich erst einmal ohne Engagement. Ora und ich lebten in dieser Zeit in einem grässlichen Hotel in Manhattan. Nach ein paar Wochen des unfreiwilligen Nichtstuns, das uns überhaupt nicht gefiel, machten wir Nägel mit Köpfen. »Ja, lass es uns versuchen«, entschieden wir. Im Nachhinein betrachtet, war dies eine mutige Entscheidung. Ich sprach ja nur ein paar Brocken Englisch – obwohl doch Englisch im *Israel Philharmonic Orchestra* immer die offizielle Sprache gewesen war, damit sich die zahllosen Gastdirigenten mit uns Musikern verständigen konnten. Ora sprach selbstverständlich englisch, und sie war es auch, die alle Verhandlungen führte. Ich musste ja »nur« spielen … Wir waren trotz aller Bedenken so begeistert, so motiviert, so enthusiastisch! Es musste einfach klappen! Und das tat es dann auch.

Denn Ora, meine äußerst willensstarke und überzeugende Frau und die beste Managerin, die man sich vorstellen kann, öffnete Tür um Tür. Nahm Kontakt mit Tourmanagern und vielen wichtigen Menschen im amerikanischen Musikbetrieb auf. Und es gab einen alten Freund aus Israel, der uns mit einem Empfehlungsschreiben unterstützte: Maestro Zubin Mehta. Er war 1978 Musikdirektor des *Los*

Angeles Philharmonic Orchestra und besaß einen großen Namen in der internationalen Musikszene. Jede Anstrengung, mich als Klezmer zu engagieren, so schrieb er in seiner Referenz für mich, würde sich für das Orchester, das mich einlud, in hohem Maße auszahlen.

So folgten auf die erste Tournee bald weitere Gastspielreisen, die allesamt erfolgreich waren, schenkt man den Presseartikeln Glauben, die damals von meinen Auftritten berichteten – darunter die *New York Times,* die *Washington Times,* der *Miami Herald,* die *Minneapolis Tribune,* die *Buffalo Evening News* und einige andere mehr. Ich möchte nicht unbescheiden erscheinen, aber der Erfolg meines Trios und unserer Musik war ebenso unerwartet wie beeindruckend.

Natürlich hatte es auch vor mir schon Klezmer in den Vereinigten Staaten gegeben, doch der wurde ganz traditionell und ausschließlich auf privaten Familienfeiern gespielt. Ich war der Erste, der den Klezmer in die Konzertsäle brachte – und damit auch dem nichtjüdischen Publikum vorstellte, das mit dieser Art von Musik niemals zuvor in Berührung gekommen war. Ich erhielt Anerkennung von einem konzerterfahrenen Publikum, und das war durchaus etwas Besonderes für mich, denn eigentlich hatten doch die Klezmorim im osteuropäischen Judentum nur sehr selten gesellschaftliche Anerkennung erfahren. Allenfalls »unterhielten« sie die Menschen »nur« bei Hochzeiten, *Bar Mizwas* oder Beerdigungen – landläufig galt das, was sie machten, jedenfalls nicht als »Kunst«.

Einen großen Schritt auf dem Weg zum Erfolg habe ich auch dem glücklichen Umstand zu verdanken, dass der Radioredakteur Bob Sherman zu jener Zeit meine Musik häufig in der *New York Radio Station* spielte. Der Inhaber ei-

*Mein Konzert in der New Yorker Avery Fisher Hall wurde groß
angekündigt. Die Klezmer-Musik stand noch im Hintergrund –
geworben wurde vor allem mit meinen Bernstein-, Debussy-, Pa-
ganini- und Gershwin-Interpretationen. Die Avery Fisher Hall
galt neben der Carnegie Hall als bedeutendster Konzertsaal New
Yorks.*

ner großen PR-Agentur (der Name ist mir leider entfallen)
hörte mich eines Abends im Radio, stoppte sein Auto und
rief beim Sender an, um den Namen des Musikers, den er da

gerade gehört hatte, zu erfragen. Er war völlig begeistert, wollte mich unbedingt haben und bot uns ein Konzert in der *Avery Fisher Hall* an – jenem berühmten Konzerthaus im *Lincoln Center* in der Upper West Side von Manhattan. Unterstützt von seiner Agentur arbeitete Ora die kommenden Monate rund um die Uhr an der Promotion für das Konzert. Es gibt ein Foto aus jenen Tagen, auf dem ich mitten in Manhattan, umrahmt von Wolkenkratzern, vor einem Plakat stehe, das für mein Konzert in der *Avery Fisher Hall* wirbt. Am Ende war die *Avery Fisher Hall* tatsächlich ausverkauft.

Später kam dann die Konzertagentur *Robert Levine Associates* auf mich zu und bot mir ein Konzert in der New Yorker *Carnegie Hall* an. Natürlich sagte ich zu, und dieses Gastspiel war einer der großen Höhepunkte dieser Jahre.

Aufgrund ihrer phantastischen Akustik gilt die *Carnegie Hall* als eine der grandiosesten Bühnen weltweit; zweitausendachthundert Zuhörer finden Platz in dem wunderbaren Saal. Alle berühmten Künstler waren dort aufgetreten, seitdem die *Carnegie Hall* Ende des 19. Jahrhunderts ihren Betrieb aufgenommen hatte. Und nun wurde mir die große Ehre und das damit verbundene große Vergnügen zuteil, ebenfalls dort spielen zu dürfen. Ich war kein Unbekannter mehr in den Vereinigten Staaten und hatte bereits mehrere Tourneen absolviert, 1982 die Musik für den Animationsfilm *Sarah and the Squirrel* arrangiert und eingespielt – Mia Farrow erzählt darin die Geschichte eines kleinen Mädchens, das während des Krieges aus ihrer Familie gerissen wird und lernt, im Wald zu leben; ich war in einigen landesweit ausgestrahlten Fernsehshows aufgetreten, und es gab eine BBC-Dokumentation über meine Laufbahn als Klezmer, die weltweit gezeigt wurde. Zudem war ich ja bereits

Als ich einige Zeit später in der Carnegie Hall auftrat, galt ich schon als der Musiker, der ein Klezmer-Revival in den Vereinigten Staaten ausgelöst hatte.

in der *Avery Fisher Hall* aufgetreten. Kein Wunder, dass mich das Programmblatt als »King of Klezmer« ankündigte und meine künstlerische Tätigkeit als »Feidman-Phänomen« bezeichnete.

Als ich damals eingeladen wurde, in diesem einzigartigen Konzertsaal aufzutreten, war das eine außergewöhnliche Erfahrung. Inzwischen, nach dreißig Jahren als Solokünstler, ist es für mich dasselbe, ob ich in einem großen Konzertsaal einer Weltstadt oder in der Kirche einer Kleinstadt auftrete. Wo ist der Unterschied? In beiden Fällen spiele ich für Menschen. Das Publikum und ich machen eine gemeinsame Erfahrung, egal, ob sie mich auf einer Konzertbühne oder in einem Kirchenschiff erleben. Aber damals wollte ich dieses Renommee eines Auftritts in der *Carnegie Hall* mit ihrem begeisterten Publikum, das war schon etwas! Zusammen mit dem Gitarristen Jeff Israel und dem Kontrabassisten Richard Sarpola schlug unser Programm einen Bogen vom Klezmer zur Klassik; Susan Jolles an der Harfe und Manny Katz an der Gitarre unterstützten unser Trio.

Das Publikum war wundervoll, aber auf einen Gast war ich besonders stolz: Benny Goodman. Der große Jazz-Klarinettist war gekommen, um unsere *Jewish Soul Music*, wie man den Klezmer damals auch nannte, zu hören. Schon als Junge war ich ein Riesenfan dieses Ausnahme-Klarinettisten gewesen. Ich liebte Jazz und Swing. Und Goodman galt damals als einer der populärsten Vertreter dieser Stilrichtungen. Als klar war, dass ich in der *Carnegie Hall* auftreten würde, schrieb ich ihm einen Brief und lud ihn ein. Einige Tage später rief er mich tatsächlich an, um mir mitzuteilen, dass er sich über die Einladung freue und gern komme. Und nun saß dieser großartige Musiker dort unten im Publikum und hörte mir zu! Während der Pause suchte er mich in der Garderobe auf, um mir persönlich zu sagen, wie sehr ihm der Abend gefalle. Und einige Tage später schrieb er mir einen Dankesbrief, den ich bis heute in Ehren halte.

Spätestens mit diesem ersten Konzert in der *Carnegie Hall* hatte ich es geschafft, mir in Big Apple einen Namen zu machen – und wie heißt es doch bei Frank Sinatra: *If you can make it there, you'll make it anywhere*. Er sollte recht behalten …

Einige Jahre nachdem wir in die Vereinigten Staaten gegangen waren und nachdem unser Sohn Ron aus der Armee

entlassen war, folgte er uns nach; er belegte zuerst Sprach-
kurse an der *Columbia University* und machte danach an
der Universität in Miami seinen Abschluss in Master Sci-
ence mit dem Schwerpunkt für Hotel-Management. Ich
scherzte jahrelang: »Was? Du brauchst so viele Jahre, um zu
lernen, wie man Bettwäsche wechselt?« Das ist die kurze
Version der Geschichte. Nach meinem Ausscheiden aus
dem Jerusalem Philharmonic Orchestra kümmerten wir
uns verstärkt auch um internationale Auftritte. Ron, der zu
jener Zeit noch ein Teenager war, bestärkte uns darin, dass
er bereits alt genug sei, um auch zeitweise allein zurechtzu-
kommen. In den folgenden zwei Jahren waren wir dann
auch zu zahlreichen Konzertreisen unterwegs und mussten
Ron häufig allein in Israel zurücklassen. Er war zwar tatsächlich bereits sehr selbständig, aber dennoch ist es uns
nicht leichtgefallen, und ein schlechtes Gewissen war häufig unser Reisebegleiter. Es gab sicherlich Zeiten, in denen
wir ihm sehr gefehlt haben, aber auch Zeiten, in denen er
seine Freiheit genossen hat. Unser Entschluss, in den USA
zu bleiben, fiel dann mit dem Beginn seiner Militärzeit zusammen. Mittlerweile versuchen wir alle drei gemeinsam,
das Positive in dieser Phase unseres »Familienlebens« zu
betonen. Vielleicht ist Ron aufgrund der damaligen Erfahrungen heute ein so wunderbarer Vater für seine drei großartigen Kinder. Nach mehreren Jahren im Hotelbusiness in
den USA ist er heute ein sehr erfolgreicher Hotelmanager
in Tel Aviv – und unser Kontakt ist sehr innig. Wir albern
nach wie vor herum wie die Kinder. Ron nennt mich heute
»Kindchen«, so habe ich ihn früher genannt, und wir telefonieren miteinander, sooft es geht.

Meine Beziehung zu Ron ist eine ganz außergewöhnliche
Erfahrung. Nicht intellektuell, sondern emotional – weil

Eine unvergessene Begegnung: Während meines ersten Konzerts in der Carnegie Hall besuchte mich Benny Goodman in meiner Garderobe. Unseren Wunsch, gemeinsam eine Platte aufzunehmen, konnten wir wegen einer Erkrankung Benny Goodmans leider nie in die Tat umsetzen.

ich erlebt habe, wie ich einen jungen Menschen als meinen Sohn angenommen und mich ihm gegenüber geöffnet habe, ohne dass er mein eigen Fleisch und Blut ist. Es ist gut möglich, dass meine Eltern ähnlich empfunden haben, als meine Mutter ihre ungeborene Tochter verlor und meine Eltern einige Jahre später eines der jüdischen Waisenkinder adoptieren wollten, die mit dem Schiff aus Europa nach Argentinien gekommen waren.

Während jener Jahre, da ich mit Ora den Start in den Vereinigten Staaten wagte, war das Verhältnis zu meinen Töchtern nicht so eng wie heute. Sie lebten bei ihrer Mutter, die sich mit größter Hingabe um die beiden kümmerte und dafür sorgte, dass sie ein gutes Zuhause hatten und eine gute Ausbildung bekamen. Immerhin telefonierten die Mädchen und ich regelmäßig, und manchmal durften sie mich auch in den Vereinigten Staaten besuchen.

Anfangs wohnten Ora und ich noch in New Yorker Hotels, doch relativ schnell entschieden wir uns, ein eigenes Haus zu kaufen. Mit einem Startkapital von fünftausend US-Dollar ging Ora zu einer Bank und bekam tatsächlich das benötigte Darlehen. Damit kauften wir ein kleines Haus mit zwei Wohnungen in dem beschaulichen Örtchen Little Neck, etwa eine halbe Stunde von Manhattan entfernt. Eines der Appartements vermieteten wir und bezahlten auf diese Weise den Kredit ab. Das war so üblich in Amerika – und ist es ja auch heute noch. Jeder kauft, wenn möglich, eine Immobilie, sobald er irgendwo seinen Wohnsitz nimmt.

Seit Mitte der Achtzigerjahre besitzen Ora und ich ein Farmhouse mit großem Grundstück in Massachusetts. Ora zog sich damals wiederholt für mehrere Wochen zurück, um irgendwo in einem Ashram zu meditieren. Eines Tages fuhr sie in einen Ashram in der Nähe von Tanglewood, wo das *Boston Symphony Orchestra* seinen Stammsitz hat. Kaum dort angekommen, rief sie mich an und erzählte mir, wie wunderschön es dort sei und dass ich unbedingt nachkommen müsse – es sei der perfekte Ort für uns beide. Ich war gerade in Europa unterwegs, konnte mich aber frei machen und reiste meiner Frau nach. Wir verliebten uns auf den ersten Blick in die Landschaft und erwarben das erwähnte Farmhouse in West Stockbridge, Massachusetts – nur ein paar Autostunden von New York entfernt, und doch eine völlig andere Welt. Einige Jahre später verkauften wir dann unser Haus in Little Neck und zogen ganz nach West Stockbridge.

West Stockbridge ist wunderschön und liegt inmitten einer hügeligen, sehr grünen Landschaft, ein Ort, an dem ich sehr stark mit der Natur verbunden bin. Wir haben nur einen direkten Nachbarn, ansonsten leben etwa hundert Kühe auf dem angrenzenden Grundstück. Der kleine Ort West Stockbridge ist rund zwei Kilometer entfernt. Ein kleiner Supermarkt, ein paar kleine Restaurants, jeder kennt jeden. Die nächste Stadt ist mit öffentlichen Verkehrsmitteln gar nicht zu erreichen, denn die gibt es nicht. Selbst zum Krankenhaus muss man mit dem eigenen Auto fahren. Das ist der Preis für die Einsamkeit. In sehr strengen Wintern, und es kann dort sehr kalt werden, kann man schon einmal für ein paar Tage von der Außenwelt abgeschnitten sein. Ja, wir mussten, seit wir dort leben, oft mit dem Schnee kämpfen. Aber das ist nur so dahingesagt, denn eigentlich *leben* wir dort mit dem Schnee.

Unser Haus haben wir dem Erbauer selbst abgekauft – der damalige Eigentümer hatte es liebevoll und mit sehr viel Holz selbst errichtet. Am Anfang hatten wir Schwierigkeiten mit der Wasserversorgung, doch diese Probleme sind längst gelöst. Vor dem Haus fließt ein Bach vorüber, so dass wir das Grundstück nur über eine kleine Brücke erreichen. Als vor einigen Jahren Biber die Wurzeln eines der Bäume an dem Bach beschädigt hatten, stürzte er um. Wegen der Erschütterungen wurde die Brücke so sehr in Mitleidenschaft gezogen, dass wir sie komplett erneuern mussten. Hätte der Baum die Brücke direkt getroffen, dann hätte die Versicherung gezahlt – so aber mussten wir selbst für den Schaden aufkommen.

165

Anfangs gab es am Haus auch einen kleinen Swimming-pool. Ora und ich haben ihn jedoch sehr selten benutzt, und eines Tages fragte uns der Poolwart, ob wir Enkelkinder hätten, die wir mit dem Pool zu einem Besuch verführen könnten. Leider war das nicht möglich – unsere Enkel waren noch klein und lebten in Israel. Wir folgten deshalb seinem Rat und ließen den Pool mit Erde füllen. Statt eines Swimmingpools haben wir nun einen Wintergarten; nicht, weil das Haus zu klein wäre, aber es ist einfach großartig, wie viel heller es dadurch im Haus ist. Außerdem spüren wir die Natur noch unmittelbarer, wenn der Regen auf das Glas trommelt oder wenn es schneit. Ora hat dort viele ihrer Kompositionen geschrieben, und für mich ist es ein unbeschreibliches Gefühl, im Winter bei Schneefall dort Klarinette zu spielen. Im Wintergarten ist es warm, die Musik ist warm, und um mich herum ist alles weiß. Draußen ist es kalt, aber in mir ist Wärme.

Da wir viel unterwegs sind, kümmern sich während unserer Abwesenheit Leute aus der Gegend um das Haus, die im Laufe der Jahre auch zu Freunden geworden sind. Sie drehen bei Bedarf das Wasser ab und putzen, ein Dienstleistungsbetrieb kümmert sich einmal im Monat um Ungeziefer und Schädlinge.

Ganz in der Nähe, nur etwa drei Meilen entfernt, wohnt Steve Murray, einer meiner engsten Freunde. Er ist ebenfalls Musiker, Bassist, ein großartiger Mensch. Wir haben uns kennengelernt, weil ich jemanden benötigte, der Noten schreiben und setzen konnte, per Hand und mit dem Computer – Letzteres ist in den vergangenen Jahrzehnten auch im Bereich der Musik immer wichtiger geworden. Steve ist auch ein hervorragender Komponist und Arrangeur, sein Rat ist mir bis heute überaus wichtig. Viele Werke meines

Repertoires hat er bearbeitet. Es kann kein Zufall sein, dass wir nach West Stockbridge gezogen sind und mir der Schöpfer genau dort diesen wunderbaren Menschen an die Seite gestellt hat.

Steve hat einen Schlüssel für unser Haus, und wenn ich von irgendwo aus der Welt anrufe und dringend irgendwelche Noten für ein Konzert brauche, dann weiß er immer genau, was ich meine, fährt zu meinem Haus und schickt mir die dort verwahrten Blätter zu.

West Stockbridge ist der Ort, an dem ich mich mit der Natur in Einklang weiß. Ich fühle mich wirklich als Freund aller. Ob Tier oder Pflanze, ob wunderschöne Vögel oder unansehnliche Würmer, ich bin der Natur dort so nahe wie nirgendwo sonst. Stockbridge, das ist eine Insel der Ruhe, auf die ich mich bis heute immer wieder zurückziehe, leider viel zu selten in den vergangenen Jahren.

In West Stockbridge erhole ich mich nach anstrengenden Konzertreisen; unser Haus in Tel Aviv hingegen ist der Ort, an dem sich unsere Familie versammelt – doch davon will ich erst später erzählen.

Das für mich Erstaunliche war und ist nach wie vor die ungeheure Vielfalt, die die Vereinigten Staaten auszeichnet. New York ist nicht Amerika, und Amerika ist nicht New York.

Ich habe in den vergangenen Jahrzehnten in den Vereinigten Staaten viele Menschen kennengelernt und viel über ihre Mentalität erfahren.

Ich nehme zum Beispiel die Leute gern auf den Arm, und ich habe das Gefühl, dass mir das bei den Amerikanern besonders gut gelingt. So erinnere ich mich an eine Begebenheit während einer Tournee. Nach dem Konzert kommen üblicherweise viele Zuhörer zu mir, um ein Autogramm zu bekommen, CDs signieren zu lassen oder um mir Fragen zu stellen (die ich auch sehr gern beantworte).

Einmal erkundigte sich eine jüngere Frau ziemlich insistierend nach dem Mundstück, das ich benutze. Ich wollte einen Witz machen und tat sehr geheimnisvoll. Es sei ein jüdisches Mundstück … Natürlich rechnete ich damit, dass die Frau diese scherzhafte Bemerkung entlarvt. Das tat sie aber nicht, und ich kam aus der Nummer nicht mehr heraus. Statt ihr einfach zu erzählen, dass meine Mundstücke aus einer italienischen Manufaktur stammen, fabulierte ich weiter. Und als sie schließlich interessiert nachhakte, wo man diese jüdischen Mundstücke denn kaufen könne, erzählte ich ihr, dass ein religiöser Kibbuz in Israel diese Mundstücke herstelle und es äußerst schwierig sei, an eines heranzukommen. Daher sei ich auch nicht befugt, ihr den Namen des Kibbuz zu nennen. Es war wirklich zu albern …

In den ersten Jahren habe ich sehr oft in jüdischen Kultureinrichtungen gespielt, und zumeist ließ es sich der jeweilige Vorsitzende nicht nehmen, anschließend eine Party bei sich zu Hause auszurichten. Dazu gehörte auch, dass der Synagogenvorstand oder Vorsitzende mich persönlich vom Konzert zu sich nach Hause zur Party fuhr und dann später ins Hotel brachte.

Einmal, wir hatten uns gerade auf den Weg gemacht, einer meiner Kollegen saß auf der Rückbank und ich auf dem Beifahrersitz, begann die Vorsitzende eine Unterhaltung und fragte mich, was ich denn hauptberuflich mache. Das war übrigens kein Einzelfall, viele Leute aus der Wirtschaft gingen davon aus, dass es sich bei meiner Konzerttätigkeit

Ich habe lange mit meinem Vater zusammen gespielt – wie hier in einem Studio in Tel Aviv im Jahr 1978.

selbstverständlich um ein schönes Hobby handeln müsse. Ich saß also in diesem Auto, war wieder einmal platt ob dieser Frage und antwortete, dass ich »eigentlich« Bankangestellter sei. Aha, das ist ja interessant! Bei welcher Bank denn?, fragte die interessierte Vorsitzende nach. Auch sie verstand meine Art von Humor offensichtlich überhaupt nicht, während der Kollege im Fond breit grinste und es nicht fassen konnte, dass ich fröhlich weiterphantasierte und von meiner anstrengenden Tätigkeit bei der *Bank of America* berichtete. Unsere Fahrerin nahm alles für bare Münze. Unfassbar!

Was habe ich nicht alles auf diesen Partys erlebt, die nach den Konzerten stattfinden. Eigentlich mag ich diese Zusammenkünfte nicht so sehr, aber aus Respekt vor den Veranstaltern gehe ich doch immer wieder hin. Bemerkenswert waren auf einer solchen Party zwei sehr fein gemachte Da-

Ein Künstlerporträt, aufgenommen um 1980 von James J. Kriegsman in New York

men, die auf mich zukamen und mich überschwenglich für meinen Auftritt lobten. Der Hausherr, der während dieser Hymne zufällig in Hörweite stand und mit dem ich mich vorher wunderbar unterhalten hatte, sagte hinterher grinsend zu mir: »Die beiden waren gar nicht beim Konzert …«

Die Menschen in den Vereinigten Staaten sind, glaube ich, wirklich anders als in Europa.

Bei den Amerikanern ist das materialistische Denken auch in der Musikbranche viel stärker ausgeprägt als in Europa. Ständig wird dort von der Musik-Industrie gesprochen – diese Sprache verrät viel über die mangelnde Wertschätzung des Künstlers. Das einzig Wichtige scheint im Normalfall zu sein, dass man viel Geld mit ihm machen kann. Nach einem Konzert in Amerika loben die Zuhörer: »Good job. Well done!« Und klopfen den Musikern gönnerhaft auf die Schulter. Als hätten sie eine Aufgabe ordentlich gelöst.

Mit diesem geschäftsmäßigen Zugang zur Musik kann ich bis heute nichts anfangen. In Europa wird man immer vom Flughafen oder vom Bahnhof abgeholt und ins Hotel gebracht. Das ist eine Selbstverständlichkeit, darum kümmert sich in der Regel der Promoter oder der vor Ort zuständige Veranstalter.

In den Vereinigten Staaten hingegen ist es üblich, dass man sich selbst um alles kümmert. Ich war eines Tages ganz überrascht, dass am Zielflughafen ein Mann stand, der offensichtlich gekommen war, um mich abzuholen. Auf dem Schild, das er in die Höhe hielt, stand nämlich *Klezmer!* Das war leider eine Ausnahme, die Regel sieht anders aus.

Auf meiner letzten längeren Tournee in den Vereinigten Staaten trat ich mit dem *Cleveland Quartet* auf, unbestritten eines der renommiertesten Kammermusik-Ensembles. Wo auch immer wir auftraten: Nie wurden wir abgeholt. Jedes Mal, wenn wir am Flughafen ankamen, mussten wir uns einen Wagen mieten und uns irgendwie zurechtfinden – und die für uns gebuchte Unterkunft suchen. Und wenn wir das Hotel dann endlich gefunden hatten, war nie etwas vorbereitet …

Auch wenn ich mich, abgesehen von West Stockbridge, in den Vereinigten Staaten bis heute nicht wirklich beheimatet fühle, so habe ich dort doch eine Menge gelernt, vor allem in den ersten Jahren. Diese Jahre waren eine gute Schule für mich. Heute glaube ich allerdings nicht mehr, dass es wichtig ist, in einer bestimmten Stadt zu leben, einer bestimmten Szene anzugehören.

Nachdem ich die amerikanische Kultur und Mentalität kennengelernt hatte, war ich offen für Neues und wollte auch nach Europa. So traf es sich gut, dass mich 1984 ein Telegramm erreichte,

Ein gewisser Peter Zadek inszenierte am Theater der Freien Volksbühne im Berlin das Stück *Ghetto* und suchte einen Klezmer. Irgendwann hatte Peter Zadek von seinem Freund und Kollegen Ariel Singer eine CD mit meiner Musik geschenkt bekommen, und nun kam er auf die Idee, einen Assistenten bei Ora anrufen zu lassen, um ganz bescheiden anzufragen, ob eventuell einer meiner Schüler bereit sei, bei *Ghetto* mitzuspielen.

Ora jedenfalls dachte über den Vorschlag nach und ließ Peter Zadek ausrichten, dass ich selbst Interesse hätte. Kurz darauf ging ich auf eine einwöchige Tournee in Holland, und zu einem meiner Konzerte in den Niederlanden kam der besagte Assistent und musikalische Berater von Peter Zadek. Offensichtlich fand er das, was er hörte, gut, denn ich wurde von ihm nach München eingeladen, um mich mit Peter Zadek persönlich zu treffen.

So flog ich nach Bayern, landete abends und wurde von

dem netten Mann am Flughafen abgeholt. Wir fuhren direkt weiter zu ihm nach Hause, wo gerade eine große Party gefeiert wurde. Bei Lichte besehen, war es eher ein Gelage. Statt wie üblich Bier- und Weinflaschen standen richtige Fässer herum, und die Stimmung war äußerst ausgelassen. Ich wurde schon bald aufgefordert zu spielen, die anwesenden Schauspieler tanzten zu meiner Musik, und irgendwann rief Zadek: »Lass uns einen Vertrag machen!«

Neue Wege

Ihr habt das alles nicht gewollt,
schaut hin, ruft Halt! und wehrt euch wieder.
Wenn ihr den Mördern Beifall zollt,
verkommt das Land, verstummen Lieder.

Menschen machen bisweilen eine unerwartete Erfahrung: Kaum dass sie begonnen haben, neue Aufgaben zu übernehmen und neue Erfahrungen zu sammeln, werden sie auf sich selbst zurückgeworfen und erkennen ihre eigenen Grenzen und die Beschränktheit ihrer bisherigen Existenz. Was spricht nicht alles gegen dieses neue Vorhaben! Wie weit kann ich gehen, mich auf das Neue einlassen? Wo liegen meine Grenzen?

Ich habe dies erlebt, als ich von Peter Zadek das Angebot bekam, die Rolle eines Klezmers in seiner Inszenierung des Joshua-Sobol-Stückes *Ghetto* zu übernehmen. Er baute auf meine Fähigkeit, meiner Klarinette fast schauspielerische Eigenschaften zu verleihen. Es war das erste Mal in meinem Leben, dass ich als Schauspieler auf der Bühne stehen sollte. Natürlich brachte ich reichlich Erfahrung als Musiker mit, der von Kindesbeinen an vor fremden Menschen gespielt hat. Doch nun sollte ich als Schauspieler musizieren. Meine Rolle war zwar die eines Musikers, doch dieser Musiker stand nicht vor seinem Publikum, sondern war eingebunden in eine Geschichte. Und diese Geschichte konfrontierte mich mit der Vergangenheit meiner eigenen Familie.

Ghetto spielt in der litauischen Stadt Vilnius zur Zeit der deutschen Besatzung im Zweiten Weltkrieg.

Seit den Polnischen Teilungen Ende des 18. Jahrhunderts gehörte Vilnius zum Zarenreich; es ist eine der ältesten Universitätsstädte Europas und galt seit je als besonders liberal. Dieser Ruf hat über die Jahrhunderte hinweg zu einem stetigen Anwachsen der jüdischen Bevölkerung geführt, und die Stadt wuchs zu einem Zentrum der osteuropäisch-jüdischen Kultur heran; voller Bewunderung sprachen die Chronisten vom »Jerusalem des Nordens«.

Im September 1939 wurde Vilnius von der Roten Armee besetzt; nach dem Überfall der Wehrmacht auf die Sowjetunion kam die Stadt im Juni 1941 unter deutsche Herrschaft. Sofort begannen die Besatzer mit der Verfolgung der jüdischen Bevölkerung. Etwa achtzigtausend Juden lebten damals in Vilnius; im September 1941 wurden sie in zwei Ghettos zusammengetrieben, von denen das sogenannte kleinere Ghetto im Oktober 1941 bereits wieder aufgelöst wurde. Die Bewohner, mehrere zehntausend Menschen, wurden in einem nahen Wald erschossen.

Das »größere« Ghetto blieb bis 1943 bestehen. Alle, die den deutschen Terror bis dahin überlebt hatten, wurden in die Vernichtungslager verschleppt und kamen dort bis auf wenige Ausnahmen um.

Seit dem Zweiten Weltkrieg gibt es kaum noch Spuren jüdischen Lebens in Vilnius. Wegen der barocken Altstadt mit ihren zahllosen prächtigen Kirchtürmen spricht man heute vom »Rom des Ostens« …

Ghetto erzählt die Geschichte vom Überlebenskampf der jüdischen Bevölkerung unter der deutschen Besatzung. Jacob Gens ist der Chef der jüdischen Ghettopolizei und setzt sich dafür ein, dass Juden in kriegswichtigen Betrieben arbeiten. Auf diese Weise will er verhindern, dass die Deutschen das Ghetto auflösen und seine Bevölkerung liquidieren. Um seine Ziele zu erreichen, scheut er sich auch nicht, mit den Deutschen zu kooperieren. Schließlich gründet er im Ghetto ein Theater, um den Überlebenswillen der Ghetto-Insassen zu stärken. Der Gegenspieler von Jacob

Gens ist der Leiter der Ghetto-Bibliothek, Herman Kruk, der der Idee eines Ghetto-Theaters nichts abgewinnen kann: »Auf dem Friedhof spielt man kein Theater!« Letztlich setzt sich Gens aber durch, und die Aufführungen seiner Compagnie beeindrucken sogar den SS-Offizier Kittel. Der Lebensmut dieser Menschen, das beginnt Kittel zu begreifen, ist nicht zu brechen – nicht einmal durch ihre Vernichtung.

Geschrieben wurde das Stück von dem israelischen Dramatiker Joshua Sobol. Er hatte 1983 den Kritikerpreis des Edinburgh Festival für sein Stück *The Soul of a Jew* erhalten, das die Geschichte des jüdischen Philosophen Otto Weiniger erzählt, der in Ludwig van Beethovens Sterbehaus in Wien Selbstmord verübte. Der gefeierte wie später auch sehr umstrittene Joshua Sobol verwendete für *Ghetto* unter anderem die Tagebuchaufzeichnungen von Herman Kruk, der in Vilnius ermordet wurde.

Mit meiner Rolle war ich nun mit einem Mal mitten in diesem schwierigen deutsch-jüdischen Beziehungsgeflecht. Natürlich war ich nicht ohne Vorbelastung. Sechs Geschwister meines Vaters sind in den Vernichtungslagern der Nazis umgekommen. Wir wissen bis heute nichts über ihr Schicksal, obwohl wir wirklich alle möglichen Hebel in Bewegung gesetzt haben, um die letzte Strecke ihres Lebenswegs zu rekonstruieren. So ist es nur allzu begreiflich, dass meine Eltern auch noch lange nach dem Krieg Vorbehalte gegen die Deutschen hegten. Für sie war Deutschland das Land des Nazi-Terrors, das sechs Millionen Angehörige ihres Volkes vernichtet hatte und für den gewaltsamen Tod eines Teils der eigenen Familie verantwortlich war. Nein, auf die Deutschen waren meine Eltern nicht gut zu sprechen.

Mit diesen Prägungen kam ich 1968 das erste Mal nach Deutschland. Wir waren mit dem *Israel Philharmonic Orchestra* auf Tournee, aber nicht alle Orchestermitglieder nahmen an dieser Gastspielreise teil: Jedem Einzelnen wurde freigestellt, ob er mitkommen wollte oder nicht. Warum ich damals mitgefahren bin, weiß ich heute nicht mehr. Ich war beklommen und gleichzeitig sehr, sehr neugierig. Ja, meine Neugierde auf andere Menschen, andere Länder, andere Kulturen war riesig. Und sie bewog mich wohl letztlich, das Wagnis einzugehen und in das von meiner Familie verfluchte Land zu reisen. Sehen die Deutschen etwa genauso aus wie wir Israelis?, war eine der Fragen, die mich beschäftigten. Was genau würde mich erwarten? Würden die Deutschen mich schlecht behandeln? Meine ersten Erfahrungen waren dann sehr banal. Ja, die Deutschen sahen aus wie alle Menschen, es gab keinen Unterschied zwischen ihnen und mir, und sie behandelten mich ausnahmslos sehr, sehr anständig.

Während ich zu den Theaterproben für *Ghetto* nach Berlin kam, machte ich eine weitere überraschende Erfahrung mit den Deutschen. Ein »Skandal« erschütterte nicht nur die Berliner Musikwelt. Herbert von Karajan war 1982 auf die Ausnahmeklarinettistin Sabine Meyer aufmerksam geworden und wollte die Künstlerin nun für die Berliner Philharmoniker verpflichten. Darüber geriet er in Konflikt mit seinem Orchester. Die Auseinandersetzung beherrschte sogar die Schlagzeilen der Boulevardpresse und wurde in der Bild-Zeitung ausgebreitet, wenn ich mich recht erinnere.

Ich fand es äußerst bemerkenswert, dass ein Orchesterskandal die Menschen offensichtlich so sehr bewegte, dass nicht wie üblich ein Krieg oder eine Umweltkatastrophe die Schlagzeilen beherrschte. Was für ein tolles Land, in dem so etwas möglich ist, dachte ich damals. Und das denke ich nach wie vor.

In diesem Konflikt zwischen Karajan und seinen Musikern ging es auch um lukrative Plattenaufnahmen. Sabine Meyer bekam schließlich im September 1983 eine Jahresvertrag, den sie erfüllte und sich anschließend neuen Aufgaben zuwandte. Kritische Stimmen unterschlagen bei der Schilderung dieser lange zurückliegenden Ereignisse gern, dass sie eine Ausnahmekünstlerin ist – ich würde gern einmal mit ihr zusammen auf der Bühne stehen. Leider hat sich das noch nicht ergeben.

Ich war also nicht ganz unerfahren im Umgang mit den Deutschen, als ich mich auf das Abenteuer *Ghetto* einließ – außerdem hatte ein jüdisch-israelischer Autor das Stück geschrieben, und Peter Zadek, der die Inszenierung verantwortete, entstammte einer gutbürgerlichen jüdischen Familie und hatte die Zeit des Nationalsozialismus in der englischen Universitätsstadt Oxford überlebt.

Viel mehr wusste ich nicht, als ich den Vertrag unterzeichnete. Ich hatte keinen Einblick in die deutsche Theaterlandschaft, und ich besaß keine Vorstellung von der Einzigartigkeit Peter Zadeks. Es zeigte sich bald, dass er ein sehr, sehr besonderer Mensch war, und er wurde für mich in den darauffolgenden Jahren fast eine Vaterfigur und einer meiner wichtigsten Lehrer, obwohl er gerade einmal zehn Jahre älter war als ich. Dabei eilte ihm der Ruf voraus, kein ganz einfacher Zeitgenosse zu sein, doch mich hat er immer mit großer Fairness und herzlich behandelt. Wenn wir eine unserer lebhaften Diskussionen führten, fiel mir immer auf, dass er sehr gut zuhörte und auf meine Argumente einging.

Er besaß eine phantastische Intuition, sonst hätte er mir ja niemals eine Rolle als Schauspieler in seinem Stück gegeben, hatte ich doch bis dato keinerlei Erfahrung in diesem Metier gesammelt.

Und dann begannen die Proben. Ora und ich lebten in dieser Zeit in einem Appartement in Berlin, das uns das Theater, die Freie Volksbühne Berlin, besorgt hatte.

Tagsüber kümmerte Ora sich bereits darum, Kontakte für mich aufzubauen, die den Grundstock für unsere zukünftige Arbeit in Deutschland legen sollten.

Ich war sehr froh, dass sie an meiner Seite war. Denn diese Proben führten mich an meine Grenzen. Wir waren zwar ein glänzendes Team: Esther Ofarim begeisterte mit ihrer wundervollen Stimme, der junge Ulrich Tukur schaffte in der Rolle des SS-Offiziers Kittel den Durchbruch als Theaterschauspieler; Michael Degen brachte einen überzeugenden Jacob Gens auf die Bühne, und Ernst Jacobi setzte ihm einen ebenso überzeugenden Herman Kruk entgegen. Dazu der großartige Otto Tausig und seine Kollegen Hermann Lause, Otto Kern und Hannes Jaenicke und viele andere mehr. Ja, es war eine unglaubliche Erfahrung, mit all diesen wirklich tollen Schauspielern und dem genialen Peter Zadek zu proben.

Und dennoch war diese Zeit alles andere als einfach. Nach den ersten Proben wollte ich nur noch zurück nach Hause. Denn die Schauspieler trugen Häftlingsanzüge wie im Konzentrationslager – ein erschreckender Anblick für mich. Nachts verknüpfte ich diese Bilder mit der unheimlichen Kantinenatmosphäre. Denn meine Kollegen zogen sich ja zum Mittagessen nicht um, und die Theatermensa lag im Souterrain, deshalb waren die Fenster vergittert, und ich kam mir eingesperrt vor. All das verarbeitete ich nachts

Szenenaufnahme aus Ghetto

in den schrecklichsten Alpträumen meines Lebens. Es war immer derselbe Traum: Ich war in einem KZ eingesperrt. Nacht für Nacht warf ich mich im Bett herum und schreckte schreiend hoch.

Irgendwann sagte Ora: »Du gehst daran kaputt. Wenn das nicht besser wird, müssen wir abbrechen.« Doch schließlich ging es doch. Diese Probenzeit war eine sehr intensive Zeit für mich. Und mit dem Abstand von gut fünfundzwanzig Jahren erkenne ich die wertvollen Erfahrungen, die ich dabei sammeln durfte, und ich denke mit Freude zurück an die vielen beglückenden Begegnungen mit meinen Schauspielkollegen.

Premiere war am 12. Juli 1984 in der Freien Volksbühne Berlin – und sie wurde ein großer Erfolg. Dieses Theater, das hatte ich schon während der Proben begriffen, besaß einen ganz besonderen Stellenwert in der deutschen Theaterlandschaft. Erwin Piscator hatte dort in den Sechzigerjahren mit seinen Inszenierungen Theatergeschichte geschrieben. *Der Stellvertreter* von Rolf Hochhuth, *In der Sache J. Robert Oppenheimer* von Heinar Kipphardt und *Die Ermittlung* von Peter Weiss machten die Freie Volksbühne weit über die Grenzen Deutschlands hinaus bekannt und zeigten deutlich, dass in Deutschland eine neue Generation herangewachsen war, die sich kritisch mit dem Erbe der Väter auseinandersetzte. Ich habe damals begriffen, dass das historische Erbe in diesem Land stets gegenwärtig ist. Denn die Premierenfeier fand – wie passend! – im ehemaligen Haus von Heinrich Himmler statt! 1984 war darin ein Café untergebracht, in dem wir unseren Erfolg feierten. Insgesamt wurde *Ghetto* um die neunzig Mal in Berlin aufgeführt und etwa sechzig Mal im Deutschen Schauspielhaus in Hamburg. Die Zeitschrift *Theater heute* erklärte die Berliner Aufführung zum besten Stück des Jahres; es wurde danach in mehr als zwanzig Ländern aufgeführt und 2006 sogar verfilmt. *Ghetto* war ein Welterfolg.

Durch meine Mitwirkung in der Zadek-Produktion wurde ich einem größeren Publikum in Deutschland bekannt. Ich lernte viel über die deutsche Befindlichkeit, und die Deutschen lernten viel über Klezmer. Außerdem wurde mir durch das Stück bewusst, wie gern ich als Schauspieler auf der Bühne stehe.

Am Ende des Stücks verließ ich mit meiner Klarinette die Bühne, und immer wenn ich zurückkam, waren im Publikum alle Köpfe gesenkt. Die Bilder haben sich unauslöschlich in mein Gedächtnis eingebrannt. Sobol hatte in der Urfassung einen Klezmer gar nicht vorgesehen. Aber seitdem ich in diesem Stück mitgespielt und eine offensichtlich besondere Wirkung erzielt hatte, darf in allen Nachfolgeinszenierungen ein Musiker das Ensemble unterstützen.

Bis heute bin ich tief beeindruckt, dass einige Deutsche so unglaublich mutig waren, diese Inszenierung auf eine deutsche Bühne zu bringen!

Es kommt sicher nicht alle Tage vor, dass ein deutscher Bundespräsident nach einem Theaterbesuch an den Intendanten schreibt – Richard von Weizsäcker hat es getan. Wenige Tage nach der Premiere ging bei Kurt Hübner, dem damaligen Intendanten, der Brief ein:

Verehrter, lieber Herr Hübner,
… Der Abend in Ihrem Haus mit der Aufführung des
»Ghetto« geht mir unvermindert nach … Alle Beteiligten, der Autor, Herr Zadek und alle Mitwirkenden haben großen Mut bewiesen. Sie haben das Risiko gewagt und gewonnen. Mich hat das Stück so tief beeindruckt, wie die große Leistung der Regie und der Darstellung. Man verläßt das Theater mit dem Wunsch, alle Menschen möchten diese Aufführung sehen, weil sie eine wichtige ist und weil man sich eine vergleichbar gute in der Zukunft gar nicht denken kann …
Ihr Richard von Weizsäcker

Zehn Monate später, am 8. Mai 1985, hat Richard von Weizsäcker in einer lange nachwirkenden Rede zum vierzigsten Jahrestag der Beendigung des Krieges und der nationalsozialistischen Gewaltherrschaft anlässlich einer Gedenkstunde im Deutschen Bundestag erklärt: »Der 8. Mai war ein Tag der Befreiung.«

Deutschland war in jenen Jahren noch tief zerrissen, was

die Beurteilung dieses Datums anging, und die Aussöhnung mit Israel und dem Volk der Juden war noch lange nicht abgeschlossen. Durch meine Mitwirkung in *Ghetto* bekam ich das wundervolle Privileg, am Heilungsprozess zwischen Deutschen, Juden und Israelis teilnehmen zu dürfen. Es war der Beginn eines Weges, den ich die nächsten fünfundzwanzig Jahre gehen sollte – doch davon will ich an anderer Stelle erzählen. Schließlich war *Ghetto* erst der Anfang meiner Theaterkarriere.

Wie gesagt: Peter Zadek entdeckte mich für das Theater. Und ich entdeckte durch ihn das Theater. So viele Male spielte ich das Stück, und jeden Abend war es anders. Das war eine Erfahrung, die ich von meinen Konzerten schon kannte: Du kannst proben, so viel du willst, es wird immer anders kommen, als du denkst. Das fasziniert mich bis heute. Ich erinnere mich, dass ein Maestro bei einer Probe einmal zu mir sagte: »Machst du das bitte beim Konzert später genauso?« – »Ich kann es nicht versprechen«, antwortete ich.

Aber um auf meine Anfänge in Deutschland zurückzukommen: *Ghetto* machte mich in Deutschland bekannt, und nach und nach verlagerte sich in den folgenden Jahren mein Wirkungskreis nach Europa. Ora war wie immer ein Türöffner par excellence und organisierte mehr und mehr Konzerte in Deutschland. Ende der Achtzigerjahre verbrachte ich nochmals einige Wochen in Los Angeles, um in der dortigen *Ghetto*-Inszenierung mitzuwirken. Was soll ich sagen? Sie war sehr amerikanisch. Und wer einmal mit einem Ausnahmeregisseur wie Peter Zadek zusammengearbeitet hat, der ist nur sehr schwer für weniger brillante Inszenierungen zu begeistern. Freilich ist es für jeden Dramaturgen eine Herausforderung, neben einer Zadek-Inszenierung auch nur halbwegs zu bestehen. Dabei war der Regisseur aus den Vereinigten Staaten eigens nach Hamburg gereist, um sich die dortige Inszenierung anzusehen. Die Los-Angeles-Inszenierung indes folgte in meinen Augen allzu sehr den Erwartungen Hollywoods.

Nachdem Peter Zadek und ich in den Jahren 1984 und 1985 so eng zusammengearbeitet hatten, blieben wir in gutem Kontakt. Einen letzten Freundschaftsdienst durfte ich ihm 2009 erweisen, als ich gebeten wurde, bei seiner Trauerfeier zu spielen. Ich musste nicht überlegen, habe sofort zugesagt und bin sehr gern nach Hamburg gereist, um diesem Ausnahme-Künstler die letzte Ehre zu erweisen. Peter Zadek hatte übrigens ein ähnlich unorthodoxes Verständnis von Familie wie ich, des Öfteren bezeichnete er einen festen Stamm von Schauspielern, mit denen er regelmäßig arbeitete, als seine eigentliche Familie – die er auch besser kenne als seine Blutsverwandten. Ach ja, er fehlt mir wirklich, als väterlicher Ratgeber und als streitbarer Gesprächspartner.

Meine Laufbahn als Theaterschauspieler setzte sich 1993 am Opernhaus Dortmund fort. Michael Ende hatte das Libretto für das Stück *Der Rattenfänger – ein Hamelner Totentanz in elf Bildern, einem Prolog und einem Epilog* geschrieben – eine Geschichte, die in Deutschland jedes Kind kennt.

Die Musik stammte von dem berühmten Münchner Komponisten Wilfried Hiller, der über den musikalischen Zugang zu diesem Thema in einem Gespräch mit dem Musikdramaturgen Andreas K.W. Meyer bekannte: »Die Klangwelt des Spielmanns, also des Rattenfängers in meiner Oper, basiert stilistisch stark auf ostjüdischer Musik, wie man sie in Galizien, Bessarabien, Böhmen und Mähren findet, in einer Gegend also, aus der der historische Rattenfänger gekommen sein dürfte.«

Und der Spielmann – das war ich! Wie es dazu kam, ist eine völlig verrückte Geschichte. Ich war mit einem Bekannten in München unterwegs. Auf dem Marienplatz trafen wir Wilfried Hiller, den ich bis zu diesem Zeitpunkt nicht kannte – und er mich auch nicht. Also wurden wir einander vorgestellt. In diesem Moment, so hat Wilfried Hiller später erzählt, habe er eine Eingebung gehabt – diesen Giora Feidman habe ihm der Himmel geschickt, er sei die ideale Besetzung für den Spielmann. Nach unserem Kennenlernen hat er dann wohl sofort seinen Freund Michael Ende angerufen und ihm von mir erzählt. Dessen Reaktion: »Ich habe ja schon viel mitbekommen, aber dass sich der liebe Gott in Opernangelegenheiten einmischt, passiert wohl zum ersten Mal.« Doch er war einverstanden. Daraufhin sprach Wilfried Hiller mit dem Theater in Dortmund und kündigte mich als Spielmann an. Doch die waren skeptisch: »Wie heißt der Kerl? Feidman – den kennt hier keiner!« – »Spielt keine Rolle, der ist die ideale Besetzung«, konterte Wilfried Hiller. Und so kam ich zu einer Hauptrolle in einer deutschen Oper!

Heute kann ich es kaum noch glauben, dass ich das geschafft habe. Ich musste das Stück ja auswendig spielen und hatte keinen Souffleur, der mir bei einem »Hänger« weiterhelfen konnte. Außerdem musste ich mich genau an den Rhythmus, an die Einsätze und die Noten halten, keine leichten Aufgaben für einen Musiker wie mich. Notenblätter spielen überhaupt eine große Rolle für mich. Zahlreiche Stücke könnte ich sicherlich auswendig spielen, aber ich liebe es, im Konzert auf die Noten zu blicken, weil sie für

Als Rattenfänger von Hameln. In dieser Oper spielte ich mit meiner Kunststoffklarinette, was Anlass gab zu lebhaften Spekulationen über den Wert dieses Instruments.

mich Licht sind, mir spirituelle Informationen geben und mich stärker mit dem Komponisten verknüpfen.

Zurück zum Rattenfänger. Während der Proben kam es mehrfach zu lautstarken Diskussionen zwischen dem Regisseur und dem Dramaturgen. Mein Verhältnis zu den mitspielenden Kindern war wunderbar, ich war so etwas wie ein Großvater für sie, und wir verabredeten: »Wenn es mal wieder zu heftigen Diskussionen kommt, dann zähle ich bis drei, und ihr ruft alle zusammen, so laut es geht: ›Schabbes!‹«

Was soll ich sagen, es hat geklappt. Die Streitereien wurden seltener und die Inszenierung ein großer Erfolg.

Wilfried Hiller und Michael Ende hatten sich 1978 kennengelernt; die beiden schätzten einander sehr und brachten bis
zu Michael Endes Tod 1995 einige sehr erfolgreiche Stücke
auf die Bühne. Die beiden waren bzw. sind mir in ihrem
Denken sehr nah.

Wilfried Hillers Kompositionen fallen vor allem bei Kindern auf sehr fruchtbaren Boden, weil er immer wieder
auch singbare Passagen einbaut. »Ausschlaggebend für den
Erfolg ist, … wie die Kinder reagieren, ob sie begeistert
mitgehen – oder ob sie sich langweilen«, erklärte er auf die
Frage, warum gerade die jungen Zuschauer so begeistert
mitgehen. Er ist eben auch ein Klezmer!

Kurz nach meinem Engagement in Dortmund stand ich im
Herbst 1993 in den Hamburger Kammerspielen in dem
Stück *Meschugge vor Hoffnung* auf der Bühne; dieses Engagement hatte weitreichende Wirkungen auf meine Arbeit
als Theaterschauspieler- und -musiker, deshalb will ich später mehr darüber erzählen.

Drei Jahre darauf, 1996, übernahm ich im Rahmen des 46.
Internationalen Jugendfestspieltreffens in Bayreuth eine
weitere Rolle am Theater. Das gleichnamige Stück erzählt
die Geschichte von Lilith, die nach der jüdischen Mythologie die erste Frau Adams war, sich jedoch dem göttlichen
Schöpfungsplan und ihrer Rolle darin entzog, indem sie das
Paradies verließ. Erst danach wurde Eva erschaffen – die
Urmutter aller Frauen. Lilith und Eva sind die beiden Pole
des Weiblichen; die dunkel-dämonische Seite und die näh-
rende, dienende Seite. Im Kern ging es in diesem Stück darum, wie sich das Böse in das Gute zurückverwandeln kann.
Alle Spielarten der menschlichen Seele kommen darin zum

Ausdruck – eine Paraderolle für einen Klarinettisten wie mich!

Das Theaterspielen hatte dann erst einmal Pause – bis es 2005 mit *Nothing But Music* weiterging. Dieser Theatererfolg hatte eine lange Vorgeschichte, die im Oktober 1993 in Hamburg begann. Ich lernte Stephan Barbarino, den damaligen Intendanten der Hamburger Kammerspiele, und Jan Linders, seinen Dramaturgen, kennen. Mit beiden verstand ich mich auf Anhieb.

Die Hamburger Kammerspiele liegen im Grindelviertel, ehedem ein Zentrum jüdischen Lebens mit seinen zahlreichen Synagogen und einer Talmud-Thora-Schule. Das Haus, in dem das Theater untergebracht ist, war bis 1935 ein jüdisches Logenheim, anschließend residierte dort der Jüdische Kulturbund, dessen Gründung die Nazis betrieben hatten. 1942 erlebte das Gebäude seine wohl dunkelste Stunde: Es wurde zur Sammelstelle für die Deportation der Hamburger jüdischen Bevölkerung nach Auschwitz. Und ausgerechnet in diesen Mauern gründete nach dem Zweiten Weltkrieg die legendäre jüdische Schauspielerin Ida Ehre ein Theater: die Hamburger Kammerspiele, die sie bis zu ihrem Tod 1989 leitete. Zwei Jahre später kam Stephan Barbarino an dieses Theater und leitete es bis 1994.

Als wir uns dort im Oktober 1993 trafen, war die besondere Atmosphäre des Hauses mit Händen zu greifen. Stephan Barbarino und Jan Linders schlugen vor, dass ich die Hauptrolle in dem Stück *Meschugge vor Hoffnung* übernehmen solle. Es war kein durchgeschriebenes Stück, sondern eher eine Art musikalische Szenenfolge über die Auswanderung osteuropäischer Juden nach Amerika. Als Vorlage diente der Film *A Brivele der Mammen* von Joseph

Green in jiddischer Sprache, für uns übersetzt von dem österreichischen Poeten Hans Carl Artmann.

Selbstverständlich hatte ich meine Klarinette dabei – ich packte sie aus und ließ sie mitten im Zuschauerraum erklingen. Es dauerte nicht lange, und ich spürte eine außergewöhnliche Energie. Also schlug ich ein, und wir spielten sechs Wochen lang vor ausverkauftem Haus. Leider stand für mich dann eine Tournee an, so dass ich mein Gastspiel in Hamburg beenden musste. Beim Abschied überreichte mir Stephan Barbarino symbolisch den Schlüssel dieses traditionsreichen Theaters mit der Bemerkung, dass dieses Haus, solange er es leite, als *Home of Klezmer* für mich offen stehe. Bereits 1994 wirkte ich am selben Theater in dem Stück *Der Golem* mit.

Aufgrund des großen Erfolgs kamen wir überein, ein neues Projekt in Angriff zu nehmen. Dass es an die elf Jahre dauern sollte, bis in dieser Sache die nächste Premiere anstand, war damals nicht abzusehen.

Im April 2001 besuchte ich Stephan Barbarino in seinem *Musical Theater Neuschwanstein* in Füssen, wo er das Stück *Ludwig II. – Sehnsucht nach dem Paradies* produzierte und inszenierte. Das Musical lief mit großem Erfolg seit einem Jahr, und ich ließ es mir nicht nehmen, aus diesem Grund allen Beteiligten ein Geburtstagsständchen zu spielen. Der Besuch schürte die Sehnsucht nach der Bühne in mir, und beim Dinner erzählte ich Stephan Barbarino von meiner neu entfachten Lust am Theaterspielen. Wir versprachen einander, am Ball zu bleiben.

Das nächste Mal trafen wir uns wieder in Hamburg. Inzwischen waren zwei weitere Jahre vergangen. Zusammen mit Stephan Barbarino und Jan Linders saß ich im Hotel *Atlantic* und erzählte den beiden von meinen Wurzeln, von meinem Leben und meinen vielfältigen Erfahrungen als Musiker. Als wir auseinandergingen, taten wir dies in dem Bewusstsein, dass mein Leben ausreichend Stoff für ein Musiktheaterstück bietet.

Ende 2003 nahm die Idee konkrete Gestalt an. Es sollte eine musikalische Reise durch das 20. Jahrhundert in zehn Bildern werden – den Grundstock würden wichtige Stationen meines Lebens und meiner Herkunft liefern. Vier Monate später, im März 2003, wurde ich nach Burghausen, den Wohnort von Stephan Barbarino, eingeladen, um mit internationalen Musikern aus der bayerischen Jazz-Szene bei einem Workshop die musikalische Linie des Stückes festzulegen. Wir stellten ein erstes Programm zusammen, um in einem Konzert die Wirkung der Musik auf die Zuhörer zu testen. Mit Spannung erwarteten wir die Reaktion des Publikums auf die neu entwickelte Musik; Ora hatte einige sehr schöne Kompositionen dazu beigetragen, darunter die Leitmelodie *Blessed Are Your Sons*. Die neuen Stücke fanden Gefallen beim Publikum, dennoch feilten wir anschließend noch bis tief in die Nacht an den Arrangements – im Gasthaus *Zur Post* in Burghausen.

Daran schlossen sich in den folgenden zwei Jahren noch weitere Treffen an – die gemeinsame Arbeit am Stück wurde selbst zu einer weiten Reise: Wir trafen uns mehrfach in München, in Nürnberg, in Berlin, in Tel Aviv und in Safed. Die Premiere fand schließlich am 6. Mai 2005 im *Grand Théâtre de la Ville du Luxembourg* statt. Aufgeführt wurde das Stück *Nothing But Music – Eine Theatralische Weltreise in acht Bildern* von Stephan Barbarino und Jan Linders. Und ich spielte – Giora, den Geist der Musik, der sich auf die Suche nach einer verlorenen Melodie begibt. Sie beginnt auf jener meschuggenen Hochzeit in Kishinov im Jahre

1903, als ein Pogrom das ausgelassene Fest beendet, und
führt über einen Musiker-Wettstreit im Hafen von South-
ampton, wo 1912 jüdische Auswanderer ihre Reise in ein
neues Leben antreten, in ein Bordell von Buenos Aires, in
dem die Männer ihre Einsamkeit zu vergessen suchen –
denn Frauen sind um 1920 rar in diesem Einwandererland.
Bei den Proben habe ich dem Regisseur einen Tango aus
meiner argentinischen Heimat vorgesungen. Er war sehr
beeindruckt, und von diesem Moment an trug ich mit großem Spaß diesen Tango in der Bordell-Szene vor.

Die nächste Station führt in das New York der Prohibiti-
onszeit, wo zwei Brüder aus Kishinov erkennen müssen,
dass der Jazz den Takt der Zeit bestimmt und nicht der
Klezmer ihrer Heimat. Denn in Amerika herrscht das
Geld – und in Deutschland machen sich die Nazis auf, die
Welt zu erobern. Im Bürgerbräukeller warten die Menschen
am 8. November 1939 auf eine Rede ihres »Führers«, während der Attentäter Georg Elser mit der Kellnerin Milena
über den bevorstehenden Tyrannenmord philosophiert und
dabei die Bombe scharf stellt. Das nächste Bild führt in das
Ghetto von Shanghai, wo Giora vor jüdischen Emigranten
über die Musik des Nichts spricht, vom Musiker, der in jedem Menschen steckt, von der inneren Stimme und der
menschlichen Familie. Von dort geht es nach Tel Aviv, in
eine Rekrutierungsstelle kurz vor dem Ausbruch des Sechstagekrieges. Die Rekruten, die dort auf ihren Militäreinsatz
warten, träumen allesamt vom Dienst in einer Militärkapel-
le. Es sind junge Einwanderer, die zunächst ihre neue Heimat verteidigen müssen, bevor sie an die eigene Zukunft
denken können: Leonid aus der Sowjetunion, Katy aus Polen, Meike aus Österreich und Anas aus Marokko.

Die Reise endet im Museum der Menschheit im Jahr 2035

in Bagdad, in dem der *Stein der Stille,* der bis dahin von niemandem enträtselt werden konnte, ausgestellt ist. Nun beuge ich mich über den Stein und spiele die Melodie, die darauf geschrieben steht. Ich halte nicht, wie zu Beginn des Stücks, Zwiesprache mit dem Stein, sondern gebe die Melodie an die Zuschauer weiter …

Warum Bagdad? Die Hochkultur an Euphrat und Tigris war einst die Wiege der menschlichen Zivilisation. Später dann, nach der Zerstörung des Tempels, verbrachte das jüdische Volk in der Gefangenschaft entbehrungsreiche Jahre an den Ufern von Babylon. Und heute ist Bagdad ein Ort der Zerstörung – nachdem US-Truppen Bagdad 2003 erobert hatten, gingen die Bilder vom geplünderten Nationalmuseum um die Welt.

Nothing But Music hat es auf eine mitreißende Art geschafft, mein Leben und das Leben meiner Familie nicht nur mit den politischen Zeitläuften zu verknüpfen, sondern auch mit der Musik, die mich beeinflusst hat. Swing, Blues, Tango, arabische Melodien und eben Klezmer.

Die Vielfalt der Musik spiegelte sich in der Besetzung: Es spielte ein Ensemble aus Klarinette, Saxophon, Klavier, Mandoline, Akkordeon, Gitarre, Kontrabass und Percussion. Die Darsteller und Musiker stammten aus neun verschiedenen Ländern und gehörten drei unterschiedlichen Religionen an.

Die große Herausforderung war nun, schauspielende Musiker und musikalische Schauspieler zu finden, denn Schauspieler und Musiker arbeiten völlig unterschiedlich, und es werden unterschiedliche Anforderungen an sie gestellt. Für schauspielerisches Talent habe ich bis heute ein ganz gutes Auge, und daher wusste ich genau, welche meiner Musiker-Kollegen ich fragen könnte und wem ich die Mitarbeit zutrauen würde. Wir waren eine außergewöhnliche Truppe von exzellent ausgebildeten Musikern, die allesamt in der Lage waren, auf hohem Niveau als Schauspieler zu agieren. Es spielten Raul Alavarellos (Flöte, Saxophon, Klarinette und Klavier), Avi Avital (Mandoline), Murat Coskun, Perkussion), Guido Jäger (Kontrabass), Jens-Uwe Popp (Gitarre) und Enrique Ugarte (Akkordeon und Klavier). Stephan Barbarino und ich wählten dazu Schauspieler aus, die unterschiedlicher nicht sein konnten, aber wunderbar zu der Truppe passten. Ich fühlte mich wunderbar aufgehoben im Kreis dieser Menschen. Wir Musiker spielen auch heute noch in dieser Besetzung.

Vor Probenbeginn konfrontierte uns Stephan Barbarino im Rahmen eines Workshops mit den komplexen Aufgaben, die jeder von uns zu bewältigen haben würde. Dadurch wuchsen wir zu einem wirklichen Team zusammen

Die Premiere im *Grand Théâtre de la Ville du Luxembourg* war ein rauschender Erfolg – tosender Applaus holte die Schauspieler immer wieder auf die Bühne zurück. Der Zeitpunkt der Premiere war zudem symbolträchtig – zwei Tage vor dem sechzigsten Jahrestag des Kriegsendes. Miryam Gümbel schrieb damals für die Zeitschrift *Jüdisches Europa*:

… Der Sieg der Musik über menschliche Unzulänglichkeiten und Grausamkeiten … Die Verbindung von Musik und politischer Aussage beeindruckt. Mit den Worten Barbarinos: »Wenn sechzig Jahre nach Kriegsende junge und alte Musiker und Schauspieler aus neun Ländern und drei Religionen zusammenkommen und

*nicht das Trennende, sondern die gemeinsame Heimat
in der Musik betonen, dann ist das die politischste Aussage, die ich mir denken kann.« Dass diese Aussage so
sehr ins Herz trifft, das bewirkt der Mensch Giora
Feidman, dessen Persönlichkeit weit über die Bühne
hinausstrahlt.*

Danach gingen wir mit dem Stück auf Tournee, wir gastierten unter anderem in Bonn, München, Zürich, Sankt Pölten
und schließlich in Italien. 2006 konnte Stephan Barbarino
sein Stück am *Teatro Franco Parenti* in Mailand gemeinsam
mit italienischen Schauspielern, den »alten« Musikern und
mir auf Italienisch realisieren. Und ein paar Monate später
wurde die Aufführung zum renommierten Theater-*Festival
dei due Mondi* in Spoleto eingeladen. Dass wir darauf stolz
sein durften, konnte man in den begeisterten Kritiken nach-
lesen, die unsere Aufführungen hymnisch lobten. Edith
Rabenstein schrieb in der *Passauer Neuen Presse* anlässlich
der Münchner Aufführung:

*Selten sieht man ein so gerührtes, aber auch beseeltes
Publikum. Es war die sehr emotionale Musik, die von
Freudentaumel und Verzweiflung, von Lebenslust und
Todesangst erzählt, die die Herzen öffnete – und ein
wunderbarer Giora Feidman, der seine Klarinette zärt-
lich jaulen, trillernd jubilieren und aufbrausend dröh-
nen lässt. Schnelle Griffe und ausgeprägtes Glissando
kennzeichnen sein Spiel, ebenso wie eine ausgeprägte
Körpersprache. Giora Feidman beherrscht die Bühne
und auch sein Publikum, das er am Ende mit einbe-
zieht. Zur Seite stehen ihm ausdrucksstarke Musiker…
An erster Stelle ist Enrique Ugarte zu nennen, Akkor-*

deonist aus dem Baskenland, und der türkische Perkussionist Murat Coskun, der besonders bei der Szene Feuersturm auf Bagdad *mit verschiedenen Instrumenten beeindruckte.*

Ich erzähle deshalb so ausführlich von diesem Stück, weil es für mich und mein Verständnis von Musik, von Klezmer, von außerordentlicher Bedeutung ist. In *Nothing But Music* hatte ich endlich die Gelegenheit, die Botschaft der Musik mit der Botschaft meiner Worte zu verknüpfen und den Menschen von der Kraft der Musik, von der Heilung der Schöpfung zu erzählen, wie sie in der Kabbala, der jüdischen Mystik gelehrt wird. Und die Menschen, so scheint es, haben es verstanden. Das ist jenseits aller Erfolge das Wichtigste.

Nachdem ich in den Achtzigerjahren mit der Theaterbühne Bekanntschaft geschlossen hatte, stand ich zu Beginn der Neunzigerjahre vor einer weiteren künstlerischen Herausforderung:

Eines Tages bekam ich eine Einladung zu einem Vorgespräch über ein neues Filmprojekt von Steven Spielberg. Nach seinen Mega-Erfolgen *Der weiße Hai, ET – Der Außerirdische* und den *Indiana-Jones*-Filmen wollte er sich nun erstmals in einem Kinofilm seiner jüdischen Identität stellen. Er plante ein Drama, in dessen Mittelpunkt der sudetendeutsche Industrielle Oskar Schindler stehen sollte. Schindler hatte während des Zweiten Weltkriegs in seinem Unternehmen, das als Rüstungsbetrieb kriegswichtige Güter herstellte, jüdische Zwangsarbeiter aus Polen und der Tschechoslowakei beschäftigt und es durch energisches Taktieren mit der SS geschafft, rund zwölfhundert Menschen vor dem sicheren Tod in den Gaskammern von Auschwitz zu retten. Vorlage für diesen Film war das Buch *Schindlers Liste* des australischen Autors Thomas Keneally.

Als mich die Einladung nach Hollywood erreichte, spielte ich gerade den Rattenfänger von Hameln im Dortmunder Opernhaus und sagte dem Spielberg-Mitarbeiter ab: Mein derzeitiges Engagement mache es leider unmöglich, nach Hollywood zu kommen. »Kein Problem«, antwortete die Gegenseite. »Dann warten wir, bis Sie Zeit haben.« Die wollten mich wirklich! Der Termin wurde tatsächlich meinetwegen verschoben.

Für das in Los Angeles stattfindende Gespräch mit Steven Spielberg und John Williams, dem Komponisten der Filmmusik, kam ich direkt aus Dortmund und hatte in der Eile vergessen, mich in Sachen Kleidung darauf einzustellen. In den Jeans, die ich trug, wollte ich nicht erscheinen, immerhin würde ich zwei weltberühmte Männer treffen. So kaufte ich mir einen weißen Anzug und ein weißes Hemd und machte mich zu diesem wichtigen Gespräch im Hotel in Los Angeles auf den Weg. Ich sah aus wie ein Krankenpfleger und war doch einigermaßen überrascht, als meine beiden Gesprächspartner auf mich zukamen: Spielberg war in Jeans gekommen, und Williams hatte ein bedrucktes T-Shirt und Shorts an, die aussahen wie Badehosen. Ich war der Einzige, der einen Anzug trug!

Wir führten dann ein sehr gutes Gespräch, und am Folgetag fanden das Symphonieorchester und ich uns im Aufnahmestudio ein. Wir spielten, ohne die musikalisch zu unterlegende Filmszene zu sehen. Dabei war an einer der Studiowände eine große Leinwand zu sehen. Ich fand dieses Vorgehen anfangs merkwürdig, doch später wurde mir klar, warum wir das machten. Bei der dritten Aufnahme nämlich zeigte man uns die Filmszene: ein kleines Mädchen in einem roten Mantel. Später hat sich die Polin Roma Ligocka darin wiedererkannt und die Geschichte ihres Überlebens in dem Buch *Das Mädchen im roten Mantel* verarbeitet. Die Bilder, die wir auf der Leinwand sahen, waren schrecklich traurig; mir war es unmöglich hinzusehen. Und so wie mir erging es den meisten Kollegen. Vielleicht wären wir zu bewegt gewesen, hätten wir die Szene von Anfang an gesehen. Am nächsten Tag übrigens flog ich wieder zurück nach Deutschland und stand am selben Abend in Dortmund auf der Bühne. Ein sehr gesundes Gegenprogramm!

Schindlers Liste wurde zum Welterfolg. Unvergessen ist die Schlussszene: Die Hauptdarsteller des Films und die noch lebenden »Schindler-Juden« ziehen in einem langen Zug zu Oskars Schindlers Grab auf dem Zionsberg in Jerusalem und legen auf der Grabplatte nach altem jüdischem Brauch einen Stein ab. Als Letzter in der Reihe tritt Steven Spielberg an das Grab, er hat eine Rose in der Hand – und der Zuschauer erkennt, dass die Steine ein Kreuz bilden. Mit dieser Geste der Versöhnung zwischen Juden und Christen endet der Film.

Die Wirkung des Films war überwältigend. Als er in den USA erstmals im Fernsehen ausgestrahlt werden sollte, ermöglichte es der Autohersteller Ford mit einer ansehnlichen Geldspende an die Fernsehgesellschaft, dass der Film ohne Werbeunterbrechung gezeigt werden konnte; in Deutschland gab es 1997 eine heftige Diskussion um die Erstausstrahlung in einem Privatsender, der den Film am Karfreitag ausstrahlen wollte. Er bekam die Auflage, dass es nur eine Werbeunterbrechung geben dürfe; außerdem sollte der Sender zwei Begleitdokumentationen ins Programm nehmen und am selben Tag senden.

1994 erhielt *Schindlers Liste* sieben Oscars und wurde für fünf weitere nominiert. Ich habe mich besonders für John Williams gefreut, der für seine Filmmusik mit dem Oscar ausgezeichnet wurde. Ein wenig von diesem Glanz fiel damit auch auf Itzhak Perlman und mich; wir hatten die Solostücke gespielt – Itzhak Perlman mit seiner Geige und ich mit meiner Klarinette. Bisweilen ist in Presseartikeln über mich zu lesen, ich hätte für *Schindlers Liste* einen Oscar bekommen – nein, das ist nicht der Fall. Ich habe in diesem Film nur die wunderbare Musik von John Williams gespielt!

1998 sahen Steven Spielberg und ich uns wieder, dieses Mal in Deutschland. Steven Spielberg hatte vier Jahre zuvor die *Survivors of the Shoah Visual History Foundation* ins Leben gerufen; die gemeinnützige Organisation sammelt, dokumentiert und archiviert die Aussagen von Holocaust-Überlebenden, um sie Schülern und Studenten zugänglich zu machen. Für diese Initiative erhielt Steven Spielberg aus der Hand des damaligen Bundespräsidenten Roman Herzog das Bundesverdienstkreuz.

Ich war als Überraschungsgast geladen und spielte bei der warmherzigen Veranstaltung Teile der Filmmusik. Spielberg reagierte äußerst emotional, er weinte und umarmte mich. Es ging sehr zu Herzen. Weil er mir bei unserem ersten Zusammentreffen in Hollywood verraten hatte, dass er als Schüler Saxophon und Klarinette in einer Big Band gespielt habe, drückte ich ihm mein Instrument in die Hand und bat ihn, für uns zu spielen. Und er spielte tatsächlich einige Takte aus der Filmmusik von *Schindlers Liste*. Dann gab er mir die Klarinette mit den Worten zurück, dies sei alles, was er noch spielen könne.

Mitte der Neunzigerjahre kam eine junge Drehbuchautorin und Filmregisseurin auf mich zu: Caroline Link. Schüchtern, fast ein wenig ängstlich kam sie mir vor, als sie fragte, ob ich etwas zur Filmmusik bei ihrem aktuellen Projekt beisteuern würde.

Sie erzählte mir, was sie vorhatte – einen Film über ein Mädchen, das als Tochter gehörloser Eltern aufwächst, ihre Liebe zur Musik entdeckt, die Mutter verliert und in einen tiefen Konflikt mit ihrem Vater gerät, als sie mit ihrer Klarinette die ersten Schritte auf dem Weg zur Berufsmusikerin macht. *Jenseits der Stille* sollte der Film heißen. Diese Geschichte hat mich sehr angesprochen, und ich habe Caroline Link zugesagt.

Später erfuhr ich, wie sie ausgerechnet auf mich gekommen war: »Als feststand, dass die Hauptfigur, Lara, Klarinette spielen sollte, kam ich sofort auf Giora Feidman. Lara sollte durch die Begegnung mit ihrem Idol neuen Lebensmut schöpfen und die Kraft gewinnen, ihr Ziel – Klarinettistin zu werden, trotz aller Widrigkeiten – nicht aus den Augen zu verlieren. Ich hatte Giora Feidman mehrmals live erlebt, und ich wusste, dass er die Gabe besitzt, Menschen zu verzaubern. Er schien mir sofort der ›Richtige‹ zu sein. Gott sei Dank war er schnell für unsere ungewöhnliche Filmgeschichte zu begeistern, und es hat uns allen große Freude bereitet, mit ihm zu drehen.«

Diese Blumen gebe ich gern zurück – Caroline Link ist eine sehr einfühlsame Persönlichkeit, und die Zusammenarbeit mit ihr war wunderbar. Für den Film wurde eigens eine sehr echte Konzertatmosphäre erschaffen. Und dort hatte ich dann meinen Auftritt.

Nachdem der herrliche Film, der so sehr vom Klang der Klarinette geprägt ist, 1996 angelaufen war, stiegen übrigens in Deutschland – so erzählte es mir ein Mitarbeiter von *Buffet Crampon* – die Verkaufszahlen für diese wunderbaren Instrumente.

Herausgekommen ist ein Film, »der die Stille zu Musik werden lässt«. Dirk Jasper hat diese treffenden Worte für seine Besprechung im *FilmLexikon* gefunden und damit auch meine Empfindung auf den Punkt gebracht.

Jenseits der Stille wurde ein großer Publikumserfolg. Mit Recht hat Caroline Link für ihre ausgezeichnete Arbeit zahlreiche Preise bekommen. 1998 wurde der Film in der Kategorie *Bester ausländischer Film* sogar für den Oscar nominiert.

Ein Jahr nach *Jenseits der Stille* kam 1997 ein weiterer Film in die deutschen Kinos, bei dem ich mitwirken durfte: *Comedian Harmonists*. Der Regisseur Joseph Vilsmaier erzählt darin die Geschichte der gleichnamigen Gesangsgruppe, die in den Dreißigerjahren zu einem international umjubelten Ensemble aufstieg und wegen ihrer jüdischen Mitglieder in den Strudel der Politik geriet. In diesem Film spielte ich einen Klezmer bei einer jüdischen Hochzeit.

Das Projekt fing schon sehr lustig an. Der Regisseur ließ mich nämlich mit einer Limousine vom Flughafen in München abholen. Normalerweise unterhalte ich mich immer mit den Fahrern, aber dieses Mal war es nicht möglich. Der freundliche Chauffeur sprach einen so starken bayerischen Dialekt, dass ich leider, leider kein Wort verstand … Es machte nichts, wir drehten trotzdem, die Rollen waren mit tollen Schauspielern besetzt – Ben Becker, Heino Ferch, Ulrich Noethen, Rolf Hoppe, Katja Riemann, Dana Vávrová, Meret Becker, Susanne Hoss und andere mehr – und der Film bekam zahlreiche Preise.

Im selben Jahr, 1997, wurde im Konzerthaus Wien ein Film uraufgeführt, der bereits 1920 international für Schlagzeilen gesorgt hatte: *Der Golem, wie er in die Welt kam* – ein Stummfilmklassiker, entstanden unter der Regie von Paul Wegener und Carl Boese. Der Film spielt im 16. Jahrhundert im jüdischen Ghetto von Prag. Um Unheil von seiner Judengemeinde abzuwenden, erschafft der Rabbi Löw aus einem Klumpen Lehm den Golem – eine Gestalt aus der jüdischen Mythologie. Nach anfänglichen Erfolgen verliert Rabbi Löw jedoch die Kontrolle über ihn. Der Golem wird zum Mörder und Brandschatzer und kann erst durch die Unbefangenheit eines kleinen Mädchens gestoppt werden.

Das Original dieses Film war lange schon verschollen, und das Film-Museum in München hatte es sich zum Ziel gesetzt, aus noch vorhandenen Kopien, die zum Teil in Archiven in Italien, England und Russland lagerten, eine restaurierte Fassung zu erstellen, die dem Original so nahe wie möglich kommen sollte. Mir war der Stoff bereits bekannt; ich hatte 1994 in den Hamburger Kammerspielen die dortige *Golem*-Inszenierung musikalisch begleitet.

Die phantastische israelische Komponistin Betty Olivero, inzwischen eine meiner engsten Freundinnen, erhielt den Auftrag, für das *Arditti String Quartet,* eines der weltweit renommiertesten Streicher-Ensembles, und mich eine neue Musik zu schreiben. Anlässlich der Uraufführung schrieb die *Wiener Zeitung* über ihre Komposition: »Betty Olivero hat eine wahrlich aufregende Musik erdacht. Sie erzählt die alte jüdische Legende noch einmal, verlockt, entführt, nimmt gefangen und bringt die Mystik zum Klingen.«

Es ist tatsächlich ein einzigartiges Musikstück. Die Klarinettenstimme ist für fünf verschiedene Instrumente geschrieben: Bassklarinette, Bassethorn, B*b*-Klarinette, C-Klarinette und E*b*-Klarinette. Mit seiner Verbindung von traditionellen Weisen und moderner Musik hat es mir instrumental und musikalisch neue Dimensionen eröffnet.

Für die Produktion selbst war die Synchronisation zwischen Musik und Film von entscheidender Bedeutung. Bis heute wurde diese Musik in verschiedenen Besetzungen aufgeführt, aber immer unter der Leitung des Dirigenten Günter Buchwald, dem es jedes Mal gelingt, die Musiker mit dem Film zu einer Einheit zu verschweißen.

Nach der erfolgreichen Wiener Aufführung gastierten wir mit dem Film noch bei den Ludwigsburger Schlossfestspielen und auf dem Schleswig-Holstein-Musikfestival. Die *Süddeutsche Zeitung* berichtete damals über diese Aufführungen:

> *Das klassisch-moderne Streichquartett malt mit spitz flirrenden oder finster lastenden Klängen die Farbtöne dieser kolorierten Fassung; das nächtliche Blau, das lichterloh brennende Rot oder das kühl fahle Gelb. Wenn in den Ghettogassen Freilach-Stimmung ausbricht, darf der Klarinettenmeister das Streichquartett zur nahöstlich groovenden Rhythmusgruppe machen …*

Ich arbeitete sehr gern bei all diesen Produktionen mit, von denen ich in diesem Kapitel erzählt habe. Ja, ich habe es geliebt, auf der Bühne und vor der Kamera zu stehen, und ich liebe es bis heute.

In einem Film oder in einem Theaterstück zu spielen ist

eine dankbare Herausforderung. Denn wir alle wissen, wie sehr Musik die Atmosphäre einer Handlung beeinflusst.

Im Rückblick waren diese Produktionen aber auch für meine »deutsche Entwicklung« wichtige Meilensteine. Ich wurde einem breiteren Publikum bekannt, ich arbeitete mit jüdischen Kollegen, die sehr viel unmittelbarer mit der deutschen Vergangenheit konfrontiert waren als ich, und wurde dadurch noch empfänglicher für das große Thema Versöhnung und Verständigung.

Botschafter der Grenzenlosigkeit

Das Leben ist wie ein Fluss.
Und das ist wunderbar.
Da kommt ein Mann, der soll seine Hymne singen.
Und was macht er?
Er hält eine Rede, mit seinem Instrument.
Deutschland und Israel mit den gleichen Vorzeichen,
und dazwischen die Palästinenser.
In der Musik ist das die perfekte Harmonie.

Im sechsten Bild von *Nothing But Music* erklingen die Nationalhymnen von Russland, Polen, Österreich und Marokko. Nacheinander sprechen vier junge Menschen, die aus diesen Ländern stammen, über ihr Verhältnis zu Israel, ihre Eindrücke von diesem Land und über ihr ganz persönliches Schicksal. Ich beschließe die Szene mit jenem Musikstück, das eine Melange aus den Nationalhymnen Deutschlands, Israels und Palästinas (komponiert von Mikis Theodorakis) darstellt, arrangiert von meinem Freund Steve Murray. Gemeinsam haben wir verschiedene Takte der drei Stücke herausgenommen und zu einem neuen Ganzen zusammengefügt.

Nach diesem Musikstück tritt Ilja, der junge Russe, hinzu und spricht die Worte, die dieses Kapitel einleiten. Dann erklingen Sirenen – der Sechstagekrieg hat begonnen.

Dieses Werk ist seitdem zu einem festen Bestandteil meiner Konzerte geworden – es erinnert die Menschen daran, wie zerbrechlich der Mensch ist und wie wenig uns Menschen voneinander trennt. Wenn sich selbst die großen Symbole unserer Nationen wie die Hymnen so einfach miteinander verbinden lassen, was sollte uns Menschen dann daran hindern, Frieden zu schaffen in dieser Welt?

Dass ich bis heute nicht begreife, warum Israelis und Palästinenser Krieg gegeneinander führen, muss ich wohl nicht erwähnen. Ich weiß natürlich einiges über die historischen Ursachen und aktuellen Anlässe dieses Konflikts. Aber rechtfertigen sie, dass seit mehr als hundert Jahren

Krieg und Gewalt diesen Landstrich überziehen, der das *Heilige Land* genannt wird?

Ich möchte mit allen Palästinensern irgendwann genauso selbstverständlich zusammensitzen wie heute schon mit Deutschen. Deshalb bewundere ich meinen lieben Kollegen, den weltberühmten Pianisten und Dirigenten Daniel Barenboim, auch so sehr für sein Engagement. Er hat, um nur ein Beispiel zu nennen, 1999 mit dem palästinensisch-amerikanischen Intellektuellen Edward Said zusammen das *West-Eastern Divan Orchestra* aus israelischen und arabischen Mitgliedern ins Leben gerufen. Sechzig Prozent der Musiker hatten noch nie zuvor in einem Orchester gespielt und vierzig Prozent noch nie live ein Orchester gehört. Bei den Salzburger Festspielen 2007 hat dieses Orchester Schönbergs *Variationen für Orchester* gespielt, eines der schwersten Stücke des sinfonischen Repertoires. Unglaublich, aber wahr!

Daniel Barenboim ist ein Phänomen. Er ist übrigens auch in Buenos Aires geboren, und wir kennen uns seit Ewigkeiten. Als wir uns das erste Mal begegneten, war er noch ein kleiner Junge.

Ich erinnere mich, dass Daniel sich irgendwann einmal entschlossen hatte, in Ramallah in der Westbank aufzutreten. Er schaffte es tatsächlich, gab dort einen Klavierabend und wurde von den Zuschauern mit stehenden Ovationen gefeiert. Für die Außenstehenden sah es so aus, als träfen sich Feinde, aber die Wahrheit ist doch, dass die Musik sie zusammengebracht hat. Löst das ein Problem? Nein, aber es gibt uns die Möglichkeit zusammenzukommen, um unsere Probleme zu lösen. Daniel Barenboim sehnt sich nach Frieden im Nahen Osten – auch was dieses Thema angeht, so sind wir Brüder im Geiste! Wir verfolgen das Thema Aussöhnung beide mit der Sprache, die wir am besten beherrschen: Musik!

Wenn du singst, wie kannst du hassen – unter diesem Titel sendete der Norddeutsche Rundfunk 1995 eine Dokumentation über mein Verhältnis zu den Deutschen. Der Verantwortliche des NDR für diese Produktion war Jürgen Meier-Beer. Inzwischen ist er ein enger Freund und wichtiger künstlerischer Ratgeber. Während der Produktion von *Ghetto* im Frühjahr 1984 suchte ich den Regisseurs und Autor des Films, Jens Uwe Scheffler, im Funkhaus an der Hamburger Rothenbaumchaussee auf. Was dann geschah, musste er in den folgenden Jahren oft erzählen:

Der Frühling hatte begonnen, wir saßen alle zusammen in dem nüchternen Redaktionsraum, und das Fenster stand offen. Während wir uns unterhielten, hatte Giora das Mundstück auf seine Klarinette gesteckt, die er offenbar immer bei sich hatte wie einen Gegenstand des täglichen Lebens. Als es in unserem Gespräch darum ging, wie denn die Klezmer-Musik in unserem Film erklärt werden solle und an welchen Musikbeispielen dies am besten darzustellen sei, da sprang Giora mit einem Mal auf, zog die schützende Kappe vom Mundstück seiner Klarinette ab und begann, eine jüdische Melodie zu spielen, seine Musik. Ich kann mich nicht mehr daran erinnern, welches Lied er damals spielte. Ich weiß nur noch, dass es eine sehr schöne, getragene ruhige Melodie war, die in ein schnelles musikalisches Tempo überleitete. Aus dem geöffneten Fenster hinaus schwebte ein Klezmer-Lied über

den Parkplatz. Menschen blieben stehen, lauschten aufmerksam und vergaßen für einen Moment sogar, ihre Autos aufzuschließen. Für einige flüchtige Momente wurden sie in Giora Feidmans musikalische Welt entrückt. Es war, als schwebe ein fliegender Teppich, angehäuft mit Musik, über die Stadt geradewegs in den Himmel hinein ...

Die ursprüngliche Idee des Films war gewesen, den Logensaal der Hamburger Kammerspiele mit neuem jüdischem Leben zu füllen, nachdem er in den Vierzigerjahren als Sammelstelle zur Deportation der Hamburger Juden missbraucht worden war – ich habe bereits davon erzählt.

Diese Wiederbelebung von Orten, die einst jüdisches Leben geprägt haben, habe ich in den vergangenen Jahren an

Mitte der Neunzigerjahre spielte ich mit dem Jugend-Klezmer-Ensemble Leverkusen während der Aufnahmen zu dem Dokumentarfilm Wenn du singst, wie kannst du hassen, *der vom Norddeutschen Rundfunk produziert wurde. Das Bild auf der linken Seite wurde auch bei dieser Produktion aufgenommen.*

mancher Stelle wiederholt. Zum Beispiel mit Konzerten unweit des Nürnberger Reichsparteitagsgeländes und in der Cuxhavener HAPAG-Halle, von wo einst die jüdischen Auswanderer nach Amerika aufbrachen. In gewisser Weise gilt dies auch für meinen Auftritt bei der Eröffnung der neuen Münchener Synagoge am 9. November 2006 – es war der 68. Jahrestag der Reichspogromnacht. Viele hundert Ehrengäste waren geladen, darunter Bundespräsident Horst Köhler und der israelische Botschafter Shimon Stein. Dieses Gotteshaus, das *Zelt Jakobs,* wie die Synagoge heißt, ist für mich ein Zentrum der Liebe und der Einheit, und die

Eröffnungsfeier war für mich einer der glücklichsten Tage, die ich in Deutschland verbracht habe.

Doch bis dahin war es ein weiter Weg gewesen. An seinem Anfang hatte besagte NDR-Produktion gestanden – und der Logensaal in den Hamburger Kammerspielen, wo ich zusammen mit dem Jugend-Klezmer-Ensemble aus Leverkusen, das Jürgen Ohrem leitete, und mit meinen phantastischen Kollegen Stephen Benson (Gitarre), Maria Graf (Harfe), Ali Husseini (Percussion), Alex Sloutsky (Geige) und Roberto Pansera (Bandoneon) die ganze Tiefe und Weite des Klezmer vor den Fernsehzuschauern ausbreiten durfte. Die Vergangenheit sollte in diesem Film gegenwärtig sein, also drehten wir mit unserem Regisseur Jens Uwe Scheffler auch in der Synagoge von Krakau, wo ich den Münchner jüdischen Kantor Misha Alexandrowitsch begleitete, und in Yad Vashem.

Zu einer besonderen Herausforderung wurde unser Besuch in Auschwitz-Birkenau. Natürlich tauchte irgendwann einmal die Frage auf, wie ich denn zur Musik Richard Wagners stehe. Ich hatte ja lange genug im *Israel Philharmonic Orchestra* gespielt und wusste vom immer noch gültigen Wagner-Boykott aus dem Jahr 1938. Ich bin allen Kollegen, die diesen Boykott befürworteten, stets mit großem Respekt begegnet und habe ihrer Haltung Verständnis entgegengebracht. Meine Auffassung jedoch war eine andere. Ich schlug Jürgen Meier-Beer und Jens Uwe Scheffler, mit dem mich seit dieser Zeit eine tiefe Freundschaft verbindet, vor, in Auschwitz-Birkenau Wagner zu spielen. Anfangs schien ihnen das Risiko zu groß, hiermit eine Protestwelle loszutreten. Doch ich konnte sie überzeugen. »Diese Musik ist das Eigentum Gottes, wir sind nur ihre Überbringer. Wir können Musik nicht als antisemitisch angreifen. Wir dürfen unseren Intellekt nicht nutzen, um Musik zu bewerten«, erklärte ich ihnen meinen Standpunkt. Gerade an einem Ort wie Auschwitz-Birkenau müsse Musik als Ausdruck der Liebe eine Heimat haben. Musik könne keinen Hass säen, selbst wenn der Komponist mit schlimmen Ereignissen verbunden wird. Außerdem sei die schönste jüdische Musik in den Ghettos und in den Konzentrationslagern entstanden.

Also fuhren wir nach Birkenau. Ich begann dann in einer Baracke die Melodie des Pilgerchors aus Richard Wagners Oper *Tannhäuser* zu spielen, verließ die Baracke spielend, ging über das Gelände und begegnete einigen jungen Menschen. Zu ihnen sagte ich: »Musik ist die Sprache Gottes. Wenn es einen Ort gibt, wo man sie braucht, dann ist das hier. Vergesst, wer diese Musik geschrieben hat, es ist völlig unwichtig.« Das war ein sehr bewegender Moment für uns alle.

Wir haben in diesem Film mehrfach versucht, Gräben zu überwinden – nicht nur in Birkenau. Ich sprach über die Illusion von Grenzen und illustrierte meine Auffassung musikalisch, indem ich den Song *Maria* aus der *West Side Story* spielte – die moderne Romeo-und-Julia-Geschichte aus New York, in der zwei junge Menschen nur zueinander finden, weil sie eine Grenze überschreiten. Liebe kann das! Und nach der Szene in Yad Vashem spielte ich den Gershwin-Klassiker *Summertime,* in dem es heißt: »… the living is easy, fish are jumping, and the cotton is high …« Darf man das? Ja, man darf! Denn es zeigt, dass wir alle lernen müssen, die Grenzen in unserem Denken zu überschreiten.

Wir waren sehr zufrieden mit diesem Film.

Wie wichtig mir das Miteinander der Kulturen ist, belegt ein weiterer Film, den ich mit Jens Uwe Scheffler und Jürgen Meier-Beer gedreht habe. Bei dieser deutsch-israelischen Co-Produktion handelte es sich um eine Art Roadmovie, das in Israel spielt. Im Mittelpunkt stand ich, wie ich musizierte und mit den unterschiedlichsten Menschen überall im Land ins Gespräch kam. Ich traf verstümmelte Soldaten ebenso wie tief verschleierte palästinensische Frauen. Miteinander ins Gespräch kommen und im Gespräch bleiben – wie einfach ist das doch und wie schwer zugleich; die Fernsehnachrichten zeigen es täglich.

So musste ich im vergangenen Jahr schwer schlucken, als ich nach der Flutkatastrophe in Pakistan, nachdem zwanzig Millionen arme Menschen obdachlos geworden waren, folgende Schlagzeile in einer Zeitung las: *Pakistan akzeptiert sogar Hilfe von Indien.* Erst einmal war ich sehr glücklich, dass so etwas zwischen zwei Konfliktparteien möglich ist. Aber beim zweiten Blick stolperte ich über die Wortkombination *sogar* und *akzeptieren.* Sollten die Inder sich also bei den Pakistanis bedanken, dass die so gnädig ihre Hilfsangebote angenommen haben? Oder hätten umgekehrt die Pakistanis die Hilfe der Inder gar nicht erst annehmen sollen? Was hatte sich der Journalist nur gedacht, als er diese Schlagzeile schrieb? In solchen Moment frage ich mich, wie weit es mit uns Menschen gekommen ist, dass so etwas Absurdes geschieht. Es müsste doch völlig natürlich sein, einander zu helfen. Und genauso selbstverständlich sollte es sein, dass man sich für eine geleistete Unterstützung bedankt, oder nicht? Wie weit ist es mit uns gekommen?

Das Miteinander von Menschen, die auf den ersten Blick nicht so gut zueinander passen – wie die Hindus in Indien und die Moslems in Pakistan –, ist das Wichtigste.

Ich erinnere mich sehr gut an einen weiteren Aufenthalt in der Gedenkstätte des Konzentrationslagers Auschwitz-Birkenau. Ich war öfter dort und begleitete internationale Jugendgruppen.

Einmal reiste ich gemeinsam mit einem Überlebenden nach Polen und machte mit ihm gemeinsam Musik. Er arbeitete als Gärtner in Israel, ich kann mich gar nicht richtig erinnern, wo wir uns überhaupt kennengelernt haben, ich glaube, es war bei einem Gedenkkonzert irgendwo in Deutschland. Dieser aus Osteuropa stammende Mann jedenfalls hatte als KZ-Insasse im Häftlings-Orchester die Fidel gespielt. Und Jahrzehnte später fuhr er noch einmal an den Ort des Grauens und machte dort wieder Musik, dieses Mal jedoch freiwillig und aus vollem Herzen. Damals hatte er bei der Ankunft der mit völlig verzweifelten Menschen beladenen Viehwaggons mit dem Häftlings-Ensemble spielen müssen, eine Art *Willkommen-in-Auschwitz*-Musik, wahrscheinlich, um die Tränen, das Schluchzen und die Schreie der Selektierten und der auseinandergerissenen Familienmitglieder zu übertönen. Und abends musste er mit seinen Kollegen die herrliche Musik von Brahms und Schubert zur Unterhaltung der KZ-Wächter spielen, wenn sie sich von ihrer todbringenden Arbeit erholen wollten.

In Jerusalem, so erzählte mir dieser besondere Mann, war er für das damals aus Blumen bestehende Ortsschild *Willkommen in Jerusalem* verantwortlich. Welch schöne Wendung dieses Leben genommen hat! Das gemeinsame Musikerlebnis hat mich sehr berührt.

Hass ist ein Krebs, den man heilen kann. Ganz deutlich wurde mir das, als ich vor einigen Jahren mit deutschen Kindern das Vernichtungslager Auschwitz besuchte. Diese kleinen unschuldigen Kreaturen gingen gebeugt und voller Scham durch das Lager. Irgendwann hielt ich es nicht mehr aus und sagte zu ihnen: »Ich schäme mich auch – aber als Mensch. Ihr könnt doch nichts dafür, was hier geschehen ist – genauso wenig, wie ich etwas dafür kann. Also nehmt den Kopf hoch!«

Die Aussöhnung von Deutschen und Juden ist die eine Seite; die andere ist die Verständigung zwischen Juden und Christen. Auch auf diesem manchmal schwierigen Feld durfte ich tätig sein.

1996 – zum fünfzigjährigen Bestehen des NDR-Chors – erhielt die bereits genannte israelische Komponistin Betty Olivero vom Norddeutschen Rundfunk den Auftrag, ein Werk für Chor, Symphonieorchester und Klarinette zu schreiben. Betty Olivero wählte als musikalische Grundlage die verschiedenen Einflüsse der jüdischen Emigranten aus Europa und dem Orient. Der Titel des Stücks, *Bakashot* (Fürbitten), beschreibt die Orientierung an der jüdischen Liturgie. Ein wesentlicher Impuls für die Komposition ergab sich aus einem besonderen Jubiläum: Im Jahr ihrer Entstehung wurde ein besonderer Jahrestag begangen: Dreitausend Jahre zuvor hatte König David Jerusalem zur Hauptstadt seines Reiches erhoben. Dank der Vermittlung von Ehud Olmert, dem damaligen Bürgermeister von Jerusalem und späteren Ministerpräsidenten von Israel, sollte das NDR-Symphonieorchester bei einem Open-Air-Konzert in der Jerusalemer Altstadt diese Komposition aufführen.

Aufgrund unterschiedlicher technischer und organisatorischer Schwierigkeiten ließ sich diese wunderbare Idee am

Ende leider doch nicht realisieren, und die Premiere fand im Hamburger Michel statt und wurde live vom NDR ausgestrahlt. Chor und Orchester des Norddeutschen Rundfunks spielten mit mir als Solisten. Es wurde wegen der besonderen Komposition von Betty Olivero eine außergewöhnliche Veranstaltung; viele Würdenträger der Stadt saßen damals in der ersten Reihe und wohnten der Aufführung in dieser wunderbaren Kirche bei.

Mittlerweile ist es eine gute Tradition, dass ich zu den Kirchentagen eingeladen werde und dort vor vielen tausend Menschen spiele. Ich werde nicht nur von Christen eingeladen, sondern auch hauptsächlich von Christen gehört. Auch in diesen Momenten ist mir immer sehr bewusst, dass Musik verbindet. Auf der Bühne bin ich kein Jude, sondern ein Mitglied der menschlichen Familie. Ich spiele nicht, ich »singe«, ohne dabei nachzudenken. Die Klarinette ist das Mikrofon meiner Seele. Für mich ist das Musizieren so natürlich wie das Atmen. Das teile ich mit dem Publikum. Die Zuschauer sind für mich einzelne Seelen, die den Raum erfüllen.

Wegen meines Engagements für die israelisch/jüdisch-deutsche Aussöhnung wurde ich 2005 auf Wunsch von Papst Benedikt XVI. zum Weltjugendtag nach Köln eingeladen. Zur Vigilfeier am 20. August auf dem Marienfeld musizierte ich gemeinsam mit anderen Musikern vor etwa achthunderttausend jungen Christen und dem Papst. Das Ereignis wurde weltweit live im Fernsehen übertragen. Ja, es war ein großer Augenblick. Während der Vigilfeier dann stand ich allein auf der riesigen Bühne, die in der Dunkelheit wie ein hell erleuchtetes UFO über dem Gelände schwebte. Ich blies die Klarinette wie einen *Shofar* zu einem improvisierten Gebet, das ich mit dem *Ave Maria* von Franz Schubert verband. Dabei war ich zwei Kilometer von den hintersten Lautsprechern entfernt. Nach der Feier kam der Mitarbeiter, der für die Tontechnik verantwortlich war, zu mir und sagte, dass der Klang dort hinten sehr gut gewesen sei. Zwei Kilometer entfernt von mir! Ich gestehe: Als ich dort auf der Bühne stand, habe ich nicht wahrgenommen, dass ich vor so vielen Menschen spielte. Auf der Bühne war ich allein mit mir, allein mit Gott und mit meiner Musik. Es war ein heiliger Moment.

Mir ist es in den letzten Jahren sehr wichtig geworden, neben dem deutsch-jüdischen Verhältnis auch das Verhältnis zwischen den beiden Ländern Deutschland und Israel zu verbessern. Dazu beigetragen haben hoffentlich auch meine Auftritte vor dem Deutschen Bundestag. Mittlerweile war ich dort drei Mal im Rahmen der Gedenkfeier am 9. November zu Gast. Der 9. November ist ja mittlerweile nicht nur ein trauriger Blick zurück auf die Reichspogromnacht 1938, sondern auch eine freundliche Rückschau auf das Berlin des Jahres 1989, wo an diesem Tag die Mauer fiel.

Am 27. Januar 2000 kam es zu meinem denkwürdigsten Auftritt vor dem Deutschen Bundestag. Anlässlich des Gedenkens an die Opfer des Nationalsozialismus, das alljährlich am Tag der Befreiung des Konzentrationslagers Auschwitz stattfindet, kam es zur Welturaufführung der Komposition *Love*, die meine Frau Ora geschrieben hatte. Ich spielte das Stück zusammen mit Musikern der Berliner Philharmoniker und schenkte es anschließend dem deutschen Parlament.

Es war eine bewegende Feier, bei der der Friedensnobelpreisträger Elie Wiesel – Überlebender von Auschwitz und

*Mit Sergiu Celibidache und Ilse Ruth Snopkowski anlässlich der
Jüdischen Woche in München*

Buchenwald – die Gedenkrede hielt. Er begann mit einem
Gebet aus dem Buch Baruch: »Gepriesen sei der Herr, dass
er mich heute hier sein lässt«, und fuhr fort:

*Der Mann, den Sie liebenswürdigerweise zur Teilnah-
me an dieser bewegenden Feierstunde in Erinnerung
an die Opfer dessen einluden, was wir so unzureichend
mit Shoa oder Holocaust bezeichnen und wofür es keine Worte gibt, ist der Sohn eines alten Volkes, dessen
Auftrag über die Jahrhunderte darin bestand, den ein-
zigen Gott und die Heiligkeit des menschlichen Lebens
zu verkünden. Vor sechzig Jahren wurden er und seine
Gemeinschaft in dieser Metropole und Weltstadt der
Isolation, dem Elend, der Verzweiflung und dem Tod
überantwortet. Dennoch spricht er heute zu Ihnen als
Zeuge, und ich hoffe, Sie glauben mir, dass ich zu Ih-*

nen ohne Hass noch Bitterkeit spreche. Mein ganzes
Erwachsenenleben lang habe ich versucht, Worte zu
finden, die den Hass bekämpfen, aufspüren, entwaff-
nen – nicht ihn verbreiten.

Für viele meiner Kollegen war der Weg der Aussöhnung ein
sehr schwieriger Weg. Isaac Stern, einer der bedeutendsten
Violinisten des 20. Jahrhunderts, wollte nie wieder in
Deutschland auftreten, da ein Großteil seiner Familie während des Nationalsozialismus ermordet wurde. Ich respektiere diese Entscheidung, aber ich kann sie persönlich nicht
nachvollziehen. Wie ich auch respektiere, dass man in Israel
bis heute nicht Richard Wagner spielen darf. Aber ich halte
das für falsch. Jüdische Künstler hätten viel früher wieder
nach Deutschland kommen sollen. Man darf die Geschichte
der Juden in Deutschland nicht auf die Nazizeit begrenzen.
Jüdische Intellektuelle haben jahrzehntelang einen großen
Beitrag zu diesem Land, dieser Gesellschaft, zu Kunst und
Kultur geleistet und waren hier zu Hause. Isaac Stern übrigens ist schließlich doch noch in Deutschland aufgetreten;
das war, glaube ich, 1999, zwei Jahre vor seinem Tod.

Ein Jahr nach meinem Auftritt bei der Holocaust-Ge-
denkfeier wurde mir vom damaligen Bundestagspräsiden-
ten Wolfgang Thierse das Große Bundesverdienstkreuz
verliehen. In der Begründung hieß es, ich sei ein »großer
Botschafter der Versöhnung«.

2005 erhielt ich den *Internationalen Brückepreis für Völ-*
kerverständigung der Europastadt Görlitz-Zgorzelec. Er
wird, so heißt es offiziell, an Persönlichkeiten verliehen, die
sich um die demokratische Entwicklung und die Verständigung in Europa in herausragendem Maße verdient gemacht
haben.

Ich fühle mich durch beide Auszeichnungen sehr geehrt – aber ich habe nur das getan, was in meinen Augen selbstverständlich ist. Ich habe mich eingesetzt für das Miteinander von Menschen aus unterschiedlichen Staaten, Kulturen und Religionen, damit der Frieden eine Chance hat auf dieser Welt.

Meiner Meinung nach ist der Prozess der deutsch-jüdischen Aussöhnung inzwischen abgeschlossen. Deutsche und Juden teilen eine schreckliche Vergangenheit, aber mittlerweile sind beide Gesellschaften in Freundschaft miteinander verbunden. Ich fühle mich in Deutschland wohl, denn die Tatsache, dass ich als Jude mit Deutschen zusammenlebe, ist ein faszinierender Ausdruck von gegenseitiger Wertschätzung.

Oft werde ich gefragt, wo ich mich zu Hause fühle. Eigentlich ist das ganz einfach: Ich bin überall dort zu Hause, wo Menschen leben, egal, in welchem Winkel dieses schönen Planeten.

Nach meinen ersten Konzerten in Deutschland sagte ich zu meiner Frau Ora: »Wenn diese Gesellschaft mich in allererster Linie akzeptiert, weil sie sich schuldig fühlt, gehen wir wieder.« Doch das war nicht nötig, und inzwischen bin ich, ein argentinisch-israelischer Jude mit Wurzeln in Osteuropa, ein selbstverständlicher Teil des deutschen Kulturlebens.

»Danke für das, was Sie für unser Land getan haben«, sagte irgendwann einmal eine Frau auf der Straße irgendwo in Frankfurt zu mir. Das ist lange her, aber ich denke bis heute oft daran.

Auf der Suche
nach dem Ewigen

Du bist nicht geboren,
um einer bestimmten Religion anzugehören.
Du bist geboren,
um als Mensch ein Teil der Schöpfung zu sein.

Alles ist Fügung. Ich mache den Job, den der Schöpfer mir gab. Der Schöpfer, und nicht meine Mutter … Jüdische Mütter wollen ja immer, dass ihre Kinder die besten sind: der beste Rechtsanwalt, der beste Arzt usw. Aber warum sollte man der Beste sein, wenn man einzigartig ist? – Diese Frage hat mir einst ein Lehrer mit auf den Weg gegeben.

Wir müssen endlich lernen, in jedem Menschen die Einzigartigkeit seiner Seele zu entdecken. Jugendliche tendieren zur Imitation, sie wollen wie ihre Stars aus den Hochglanzmagazinen aussehen, ziehen sich entsprechend an, hören deren Musik, sehen Filme. Dadurch verlieren sie viel von ihrer Einzigartigkeit. Um diesem Prozess entgegenzusteuern, reichen Schule oder Universität allein nicht aus, hier sind wir Erwachsenen gefragt – egal, ob wir Eltern, Tante, Fußballtrainer oder die beste Freundin der Mutter sind. Wir sollten den Jugendlichen vorleben, wie man seine fünf Sinne gebraucht, wie man dem Sinn des Lebens auf die Spur kommt. Denn die Schöpfung macht keine Fehler. Jeder Mensch ist vollkommen.

Mit religiösen Riten bin ich seit meiner Kindheit vertraut: Den ersten traditionellen *Schabbat*-Abend meines Lebens verbrachte ich bei unseren damals neu zugezogenen Nachbarn, Familie Jinich, die mich eingeladen hatten.

Ich muss damals etwa zwölf Jahre alt gewesen sein, und der feierliche Ablauf der Zeremonie hat mich tief beeindruckt und berührt. Es war, als habe man ein Licht in mir entzündet. Das war ein sehr wichtiger Moment in meinem Leben. Dass man auch zu Hause und nicht nur in der Synagoge religiös sein konnte, war mir völlig neu. Und doch konnte ich mich mit den jüdischen Traditionen identifizieren.

Mit der Zeit ergab sich eine enge Beziehung zu dieser Familie, und ich war bald mit Pedro befreundet, dem mittleren der drei Jinich-Kinder. Pedro starb leider viel zu früh, doch mit seinen beiden Geschwistern Fanny und Isidoro stehe ich nach wie vor in Kontakt.

Einmal im Jahr treffen sich alle Freunde der Zionistischen Bewegung meiner Generation aus Buenos Aires in Tel Aviv, da sehen wir uns, Fanny und ich; sie lebt schon seit Jahrzehnten in Israel und war wie ich als Kind ein Teil dieser Gruppe. Vor einigen Jahren ergriff ich das Mikrofon und bedankte mich bei den Anwesenden: »Ja, ich bin ein durchaus bekannter Mann geworden. Dafür gibt es zwei Gründe: meine Erziehung und der Einfluss von euch allen. Dafür danke ich euch aus ganzem Herzen!« Es war mir sehr wichtig, diesen Dank im großen Kreis auszusprechen.

Denn was ich in meinem assimilierten Elternhaus an Wissen und Informationen über unseren Glauben nicht vermittelt bekam, lernte ich in der Jüdischen Schule, die ich nach meiner Erinnerung mindestens zwei Jahre lang besuchte. Der Unterricht dort fand immer nachmittags nach der »regulären« Schule statt. Ich lernte ein bisschen Jiddisch und Hebräisch, besonders die für uns so fremden hebräischen Schriftzeichen bekamen wir beigebracht. Einer der Lehrer bereitete mich auf die *Bar Mizwa* vor. Dieses Fest nimmt die Jugendlichen als mündige Mitglieder in die Gemeinde auf, ähnlich wie dies die Christen mit der Konfirmation und der Firmung tun. Von diesem Tag an kann der

Jugendliche religiöse Pflichten übernehmen. Die *Bar Mizwa* selbst wird in einem Gottesdienst in der Synagoge vollzogen, anschließend feiert die ganze Gemeinde.

Meine *Bar Mizwa,* meine Aufnahme in den Bund Abrahams, fand am *Schabbat* nach meinem dreizehnten Geburtstag statt.

Als ich mit Mitte dreißig begann, die Welt zu bereisen, setzte ein langer, bis heute andauernder Lernprozess ein. Bis dahin hatte ich im Grunde von Geburt an hauptsächlich mit Juden zu tun. Denn in meiner Kindheit und Jugend ging ich zwar auf eine christlich geprägte Schule, doch die Nachmittage und Abende verbrachte ich zu Hause in unserer Familie, oder ich war mit meinem Vater unterwegs, um Klezmer zu spielen. Das taten wir fast ausschließlich bei Mitgliedern der jüdischen Gemeinde von Buenos Aires. Nie wären Christen auf die Idee gekommen, uns Klezmorim beispielsweise bei der Hochzeit ihrer Tochter oder bei der Beerdigung des Großvaters aufspielen zu lassen. So bewegte ich mich vorwiegend in einem jüdisch geprägten Umfeld. Später dann, als ich nach Israel übersiedelte, änderte sich vorerst nichts daran. Im Gegenteil: In Israel war der Anteil der jüdischen Bevölkerung natürlich sehr viel höher als in Argentinien. Als Ora und ich dann in den Siebzigerjahren begannen, den Klezmer in die Welt zu tragen, wurde uns bewusst, dass wir irgendwie anders waren, dass wir – Ora mehr und ich weniger – israelische Juden waren. Über diese Musik übrigens, die ja vorwiegend in den osteuropäischen *Shtetln* in den Familien gläubiger Juden gespielt wurde, entdeckte meine Frau Ora nach und nach das Judentum der Diaspora, das ich bereits aus meiner Jugendzeit in Argentinien kannte.

Durch meine Kinder- und Jugendjahre in Buenos Aires und meine Jahre in Israel bin ich es gewohnt, dass der Freitagabend und der Samstag, also der *Schabbat,* der allgemeine Ruhetag ist und nicht, wie in den Vereinigten Staaten und in Europa, der Sonntag. Obwohl ich inzwischen – und das auch schon seit mehr als zwei Jahrzehnten – einen großen Teil des Jahres auf Tournee durch europäische Länder verbringe, passiert es mir nach wie vor, dass ich sonntags irgendwo anrufe und natürlich niemanden erreiche – und mich dann richtig ärgere, bevor mir mein Fehler klarwird! Dann spüre ich immer, wie sehr mich die frühen Erfahrungen doch geprägt haben.

So spiele ich beispielsweise niemals öffentlich an *Jom Kippur,* dem Versöhnungstag, der gleichzeitig der wichtigste Tag im jüdischen Festkalender ist. Mit *Jom Kippur* enden die *Zehn Tage der Ehrfurcht,* die mit dem jüdischen Neujahrsfest *Rosch ha-Schana* beginnen. Das weiß natürlich auch mein Manager und organisiert kein Konzert an diesem Tag. Die *Schabbat*-Ruhe kann ich, wenn ich auf Tournee bin, in der Regel nicht einhalten, doch ich fühle mich zunehmend unwohl dabei.

Ich fühle mich dem Schöpfer nahe, wenn ich singe, denn Musik ist Altruismus in Reinkultur: Ich gebe etwas, will aber nichts dafür zurückhaben. Musik ist unendlich, Musik ist die Freiheit des Ausdrucks, man sieht sie nicht, aber man hört und, das ist das Wichtigste, man fühlt sie. Es scheint auf den ersten Blick einfacher zu sein, in eine Synagoge, Kirche oder Moschee zu gehen, wenn man dem Schöpfer nahe sein will. Denn all diese Gebäude sind konkret – man kann sie betreten, kann sie anfassen. Musik hingegen ist abstrakt. Und dennoch hilft sie uns beim Annähern an den

Schöpfer und beim Versuch, dem wahren Kern unserer Existenz näher zu kommen.

Musik ist für unsere Spiritualität so unendlich wichtig, auch nach dem Tod. Ich habe schon oft für die Seelen von Freunden gespielt, kurz bevor ihre sterblichen Überreste ins Grab hinuntergelassen wurden. Aber noch wichtiger ist die Musik kurz vor dem Ableben. Im amerikanischen Fernsehen habe ich einmal eine Sendung über eine Harfenistin gesehen, die einen sehr besonderen Dienst anbot. Sie spielte für Sterbende in ihren letzten Stunden oder Minuten. Das hatte etwas sehr Tröstliches und nahm diesen Menschen bestimmt die große Angst vor dem Tod.

Der Egoismus trennt uns vom Schöpfer. Erst wenn der Mensch keine Wünsche mehr hat, nichts mehr haben möchte, kann er ihm nahe kommen. Es kommt also darauf an, dass wir stärker sind als die Kräfte in unserem Körper, die immer haben und haben und haben wollen. Dieses permanente Haben-Wollen müssen wir überwinden. Erst dann werden wir dem Schöpfer näher kommen. Nur darauf kommt es an: dass wir versuchen, ihm nahe zu sein. Wir Menschen sind unentwegt in Kontakt mit der Schöpfung, aber nicht mit dem Schöpfer. Wir können lediglich versuchen, ihn zu begreifen. Ich versuche zu akzeptieren, was entschieden wurde. Das macht es mir einfacher, auch mit Rückschlägen fertig zu werden. Denn auch in meinem Leben, wie in jedem menschlichen Leben, klappen die Dinge nicht immer so, wie wir es uns wünschen. Ich begreife dieses Akzeptieren seines Willens als große Aufgabe und sehe mich in einem steten Lernprozess.

Heute, mit meinen fünfundsiebzig Jahren, erkenne und verstehe ich, dass ich das Wissen, das die Schöpfung betrifft, schon besaß, als ich geboren wurde. Es wird für alle Menschen dieser Erde und für die Gesellschaften, in denen sie leben, künftig die wichtigste Aufgabe überhaupt sein, die Schöpfung zu verstehen und nicht das ganze Leben lang gegen den Strom der Schöpfung anzuschwimmen.

Religion ist in der westlichen Welt spätestens seit den Anschlägen vom 11. September 2001 ein Dauerthema – diese Anschläge haben gezeigt, wie gefährlich religiöse Überzeugungen auch sein können. Ja, Glauben kann auch gefährlich sein – wenn man ihn missbraucht. Was einzelne Muslime mit ihrer Religion rechtfertigen, ist kein Islam, sondern Terrorismus. Ich bin mit einigen Muslimen befreundet, die versuchen, mir den Koran näher zu bringen.

Der jüdische Fundamentalist, der unseren damaligen Ministerpräsidenten Jitzchak Rabin 1995 tötete, hat diese furchtbare Tat mit seinem Glauben begründet; er meinte tatsächlich, in der Thora eine Rechtfertigung für sein Handeln zu finden. Was für ein Wahnsinn!

Nicht nur in Israel, im Nahen Osten oder in einigen muslimischen Staaten, sondern überall gibt es angeblich Probleme mit der Religion; einige sprechen sogar vom »Kampf der Religionen«. Wir müssen uns bemühen, dass die Menschheit die wahre Bedeutung von Religion versteht. Sobald Religion zu politischen Zwecken missbraucht wird, wird es gefährlich! Neunundneunzig Prozent aller Nachrichten sind negativ. Und trotzdem müssen wir dem einen positiven Prozent folgen. Es kann mir doch keiner sagen, dass es nicht genug Nahrung und Platz für alle Menschen auf diesem Planeten gebe!

Eine dem Schöpfer und seiner Schöpfung zugewandte Spiritualität schenkt uns Unsterblichkeit. Ich empfinde sehr viel Liebe für die Schöpfung. Wenn ich etwas nicht liebe, es noch nicht mal annehmen kann oder gar rundweg ablehne, betrachte ich das als eine Nachricht des Schöpfers an mich. Er will mir vermitteln, dass ich exakt an diesem Punkt etwas aufzuarbeiten habe und in mich gehen muss. Es funktioniert, ich habe es mehrfach erfahren!

Oft schon haben mir Zuhörer nach einem Konzert gesagt, dass sie sich von mir angenommen fühlen. Das überrascht mich nicht, denn wenn wir Musik hören, hören wir Liebe. Wie wichtig die Kunst für uns Menschen ist und wie wir uns mit ihrer Hilfe dem Schöpfer nähern können, erkannte schon im 17. Jahrhundert der Rabbi von Bratislava: »Tanze, bevor du betest!« soll er von der Kanzel herab gepredigt haben.

Im Judentum folgen auf eine Beerdigung dreißig Trauertage. Nach Ablauf dieses *Schloschim* genannten Trauermonats wird in Israel beim Tod eines Würdenträgers, Politikers oder einer anderen Persönlichkeit des öffentlichen Lebens zu einer offiziellen traditionellen Trauerfeier gebeten. Für die musikalische Gestaltung hatte man auch mich ab und zu engagiert. Bei einer dieser Feiern für einen verstorbenen Gewerkschaftsfunktionär sagte der Veranstalter, der meine Gage offensichtlich als zu großzügig bemessen empfand, zu mir: »So viel Geld für drei Minuten Musik!« Ich antwortete: »Die Musik ist umsonst – ich würde, wenn es um die Seelen von Verstorbenen geht, niemals Geld annehmen. Ihr bezahlt mich, weil ich eine ganze Stunde lang euren Reden zuhören und dazu auch noch ein interessiertes Gesicht machen muss!« Er hat über meine Worte sehr gelacht – und mich beim nächsten Mal wieder gebeten, auf die Trauerfeier zu kommen.

Mein Weg, das ist seit einigen Jahren das Studium der Kabbala, der mystischen Tradition des Judentums. Ich kann es nicht oft genug wiederholen: Meine Rolle im Leben ist die eines Dieners der Menschen. Jahrzehntelang beschäftige ich mich nun bereits mit unterschiedlichen spirituellen Strömungen und Religionen. Unter anderen mit dem Sufismus, dem Buddhismus und aktuell mit der Kabbala. Was ich lerne, nutze ich, um meine Rolle im Leben noch genauer zu bestimmen. Meine Frau Ora und ich waren immer auf der Suche: auf der Suche nach uns, auf der Suche nach Spiritualität, auf der Suche nach Gott. Oft haben wir uns gemeinsam auf diese Suche begeben, mittlerweile jedoch gehen wir spirituell getrennte Wege. Trotz allem haben wir natürlich noch das gleiche Ziel.

Ich beschäftige mich seit Jahren intensiv mit den Auslegungen des Rav Michael Laitman. Der studierte Arzt stammt aus Weißrussland, lebt inzwischen jedoch in Israel und widmet sich dort dem Studium der Kabbala. In den letzten Jahren hat er einige hochinteressante Bücher verfasst, die ich mit großem Interesse lese.

Wenn ich in Israel bin, versuche ich mich immer bei den allwöchentlich in Michael Laitmans Schulungshaus stattfindenden Veranstaltungen einzufinden und lausche gebannt, was er uns zu sagen hat. Es ist jedes Mal sehr faszinierend. Wenn er selbst verhindert ist, übernehmen während seiner Abwesenheit großartige Schüler von ihm die Vorträge. Die Eleven sind so gut, dass selbst Michael Laitman ab und zu scherzt: »Ich darf nicht mehr reisen, meine Schüler stehlen mir sonst den Job!«

Die Wurzeln der Kabbala liegen in der Thora, der Heiligen Schrift des Judentums. Ausgangspunkt der Kabbalistik ist die Suche nach einer Gottesbeziehung. An das Studium der Thora traue ich mich dagegen nicht heran, dafür reichen meiner Meinung nach meine hebräischen Sprachkenntnisse nicht aus. Aber auch meine Frau Ora, deren Familie schon seit Generationen fest im Heiligen Land verwurzelt ist, hat Schwierigkeiten, die alte Sprache der Schrift in ihrer ganzen Tiefe zu durchdringen.

Einen meiner spirituellen Lehrer, Shmuel Calderon, ein sehr guter Freund von mir, habe ich vor einer Weile gefragt, warum es überall auf der Welt grün ist. Haben Sie sich das schon einmal bewusst gemacht? Ob Sie sich in Europa aufhalten, in Asien oder auf einem anderen Kontinent, überall ist es grün. Warum sind die Pflanzen in Deutschland nicht blau und in Argentinien lila? Warum ist in der Natur Grün weltweit die Universalfarbe? Ich bin gespannt auf seine Antwort.

Kennengelernt haben wir uns im Rahmen eines Filmprojekts. Shmuel arbeitet nämlich als Schauspieler, Fotograf und Filmproduzent und ist in Israel eine Berühmtheit. Vor zehn Jahren hatte er sich in den Kopf gesetzt, einen Film über mich zu drehen. Überall tauchte er auf; er war sogar vier Jahre hintereinander bei meinem Klezmer-Seminar in Safed dabei. Irgendwann hatte er vierzig Stunden Film zusammen; die Aufnahmen hat er alle selbst finanziert. Er wollte das unbedingt, obwohl er nicht sicher sein konnte, dass er den fertigen Film irgendwo unterbringen würde. Es hat aber geklappt, mein Porträt lief schon mehrere Male im israelischen Fernsehen.

Inzwischen ist er, obwohl bestimmt dreißig Jahre jünger, auch einer meiner Kabbala-Lehrer, ohne dass ich jemals das Gefühl habe, er wolle aus mir einen orthodoxen Juden machen. Shmuel ist ein tiefreligiöser Mann, der schon seit Jahrzehnten mit Rabbis intensiv die Kabbala studiert. Täglich rufe ich ihn an, egal, wo auf der Welt ich mich gerade befinde. Und dann reden wir über das, was uns in diesem Moment beschäftigt, was wir gerade gelernt haben. Shmuel bringt mich so viel weiter, er ist ein wunderbarer Lehrer. Diese Telefonate geben mir sehr viel.

Shmuel ist übrigens nicht der einzige Mann, der mich beschützt. Nicht wie man ein Kind oder wie ein Bodyguard seinen Prominenten beschützt. Nein, nein, so nicht. Ich glaube vielmehr daran, dass mir Menschen geschickt wurden, um meine Seele zu beschützen – als Freunde und als spirituelle Lehrer. Ich habe viele Freunde, die alle sehr religiös sind und mich auf meinem Weg unterstützen, die Mystik der Kabbala noch besser zu verstehen und zu durchdringen. Ich bin auch mit einigen Orthodoxen aus *Me'a She'arim* recht gut bekannt. *Me'a She'arim* ist wie eine Welt, die aus der Zeit gefallen ist. Die Menschen dort versuchen die Gebote der Thora einzuhalten, auch wenn sie mit dem modernen Leben kollidieren, und dulden keine Kompromisse. Fremde werden in *Me'a She'arim* nicht gern gesehen, zumindest sollten sie die Weisungen befolgen, die einige Schilder an den Zugängen zu diesem Viertel aufführen.

Ab und zu gehe ich dorthin und besuche Jechiel, einen phantastischen Klezmer, von dem ich bereits erzählt habe. Wenn ich Zeit mit ihm verbringe, diesem Menschen, der so völlig anders lebt als ich und sich spirituell an einem völlig anderen Ort befindet, wird mir immer wieder bewusst, was eines der wichtigsten Dinge im Leben ist: die Erkenntnis, dass wir alle zusammengehören. Wir Menschen bestehen doch alle aus demselben Material. Antibiotika helfen allen

Kranken überall auf der Welt gleichermaßen. Wir Menschen gehören alle zu einer Familie. Wir teilen unendlich viele und elementare Dinge: Vom Herzschlag, von einem Bluttest oder vom Geschrei eines Babys kann man nicht auf das Geschlecht, die Hautfarbe oder die Religionszugehörigkeit des jeweiligen Menschen schließen. Das ist unmöglich! Und uns Menschen, die wir ständig in irgendwelche überflüssigen Kriege verstrickt sind, muss endlich, endlich klarwerden: Wie können wir Bomben werfen und das zerstören, was uns wichtig ist? Wie können wir Menschen töten, die so sind wie wir selbst? Würden die Menschen diesen Gedanken wirklich einmal bis zum Ende durchdenken, wäre es ein Ding der Unmöglichkeit, weiterhin Konflikte mit Hilfe von Waffen zu lösen, statt einfach mit dem angeblichen »Feind« zu sprechen und friedlich zu einer Lösung zu kommen.

Im Studio und auf Tournee

Die Bühne ist der Ort in meinem Leben,
an dem ich immer Ruhe finde.

In den vergangenen Jahrzehnten habe ich mehr als vierzig eigene Langspielplatten und CDs eingespielt, darüber hinaus bin ich auf unzähligen Tonträgern zu hören, wo ich als »Gast« mitmusizierte.

Damit meine Musik auch auf Tonträgern die Zuhörer erreicht, vertraue ich seit Jahrzehnten den weltbesten Tontechnikern. Musik für eine Schallplatte oder eine CD einzuspielen ist wirklich eine Leistung für sich. Auch wenn eine CD nicht mit dem Erlebnis eines live gespielten Konzerts vergleichbar ist, so hat sie dennoch ihre Berechtigung und ihren Wert.

Inzwischen bin ich ein so erfahrener »Aufnahmemusiker«, dass ich für viele CD-Einspielungen kein festes Programm mehr vorbereite. Ich gehe einfach mit einem Stapel Noten zum vereinbarten Termin. Die Energie ergibt sich von selbst und legt die Reihenfolge und Auswahl der Stücke, die wir aufnehmen, fest. Bei der Vorbereitung überprüfe ich natürlich, ob meine Klarinetten in Ordnung sind und die Klappen beim Spielen kein Geräusch machen. So ein winziges Knacken nimmt man als Zuhörer während eines Konzerts gar nicht wahr, und wenn doch, dann ist es ein Teil des besonderen Augenblicks. Die Mikrofone heutzutage sind unerbittlich, ihnen entgeht nichts …

Grundsätzlich nehme ich meine CDs nicht mehr in Studios auf, davon bin ich schon vor mehr als dreißig Jahren abgekommen. Allenfalls für die Einspielung einer Filmmusik suche ich ein Tonstudio auf.

Ich möchte den Hörern meiner CDs etwas Wahrhaftiges, Natürliches bieten; deshalb mache ich die Einspielungen normalerweise in einer Kirche oder in anderen Räumen mit natürlicher Akustik. Viele Aufnahmen sind in der historischen *St. Peter's Church* im New Yorker Stadtteil Chelsea entstanden, in der auch zahlreiche andere Künstler ihre CDs eingespielt haben. Obwohl wir meistens nachts aufgenommen haben, kann man mit sehr empfindlichen Kopfhörern teilweise noch das Geräusch einer U-Bahn oder das Hupen eines Autos erahnen. Aufgrund der Lage der Kirche ließen sich diese Nebengeräusche nicht verhindern. Aber wir sind den Kompromiss gern eingegangen, weil der Klang für eine Aufnahme dort einzigartig ist. Die CD *The Soul Chai* hingegen haben wir im ehemaligen NDR-Studio 10 aufgenommen, wobei der Name in die Irre führt. Denn es handelt sich hierbei um einen kleinen Konzertsaal, der für Aufnahmen ausgestattet ist und in einem Gebäude liegt, das der jüdischen Gemeinde bis zum 9. November 1938 als Synagoge gedient hat – ein symbolträchtiger Ort für eine Einspielung, die Lieder aus den Konzentrationslagern mit israelischer Musik verbindet.

Die wichtigsten Partner in Sachen Musikaufnahme, die ich jemals hatte, waren Joanna Nickrenz und Marc Aubort. Wir lernten uns kennen, als ich in den Vereinigten Staaten lebte und arbeitete. Die amerikanische Produzentin und Technikerin, die ansonsten klassische Musikaufnahmen betreute, war über Jahrzehnte hinweg mit ihrem Partner, dem Schweizer Toningenieur Marc Aubort, bei Schallplatten- und CD-Aufnahmen an meiner Seite.

Anfang der Achtzigerjahre wurde mir ihr Aufnahmestudio *Elite Recordings* von einem Kollegen empfohlen, das damals eine der ersten Adressen weltweit war und mit zahl-reichen Grammys ausgezeichnet wurde. Eigentlich war das Studio für seine Einspielungen mit klassischer Musik be-kannt. Umso mehr habe ich mich gefreut, dass das *legen-dary couple* Marc Aubort und Joanna Nickrenz auch mit mir gearbeitet hat.

Marc Aubort ist ein Schweizer Tontechniker, der Mitte der Fünfzigerjahre in die Vereinigten Staaten kam. In den Siebzigerjahren entwickelte er mit Joanna Nickrenz einen eigenen Aufnahmestil – sie wählten als Ort für die Einspie-lungen Räume mit natürlicher Akustik. Marc Aubort war für die technische Realisation zuständig, die optimale Posi-tionierung der Mikrofone und so weiter; Joanna Nickrenz übernahm die Aufnahmeleitung.

Es war die Kombination ihrer Fähigkeiten, die die beiden so einzigartig machte. Joanna war absolut kompromisslos, und ich erinnere mich an manche Auseinandersetzung, wenn es wieder einmal nicht so lief, wie sie es wollte. Einer ihrer Lieblingssätze, wenn ich für ihren Geschmack wieder einmal zu frei gespielt hatte, lautete: »Auch was in den No-ten geschrieben steht, könnte gut klingen …« Mit der Aus-rede »Entschuldige, du weißt doch, dass ich schlecht sehe« brauchte ich ihr nicht zu kommen. Marc Aubort übrigens auch nicht: Wir Künstler wussten immer genau, wenn er nicht einverstanden war. Dann verließ er das Studio und holte sich ein Bier und ein Sandwich.

Einmal nahmen wir in Hannover ein Stück auf, Joanna und Marc waren für die Aufnahme aus New York ange-reist. Ich war als Solist vorgesehen und wurde vom Sym-phonieorchester des NDR begleitet. Während ich mein Solo spielte, dachte ich noch, dass ich wirklich gut bin. Doch Joanna hatte offensichtlich andere Vorstellungen. Sie unterbrach die Aufnahme, und über die Mikrofone hörte ich ihre Stimme: »Giora, das kannst du besser. Noch mal bitte!« Das Orchester erstarrte. Die Musiker hatten nicht damit gerechnet, dass der Solist kritisiert oder gar zur Wiederholung aufgefordert würde.

Ich dagegen tat, wie mir geheißen. Wer mit Joanna zusammenarbeitete, wusste: Empfindlich darfst du nicht sein. Und das war ich nicht. Denn ich wusste, dass das Ergebnis mich überaus glücklich stimmen würde.

Joanna hat mein Leben sehr beeinflusst, sie war eine ausgezeichnete Lehrerin. In den über zwanzig Jahren, in denen ich mit dieser kreativen Produzentin zusammenarbeiten durfte, haben wir gemeinsam dreißig Langspielplatten und CDs aufgenommen. Alle meine Tonträger in diesem Zeitraum produzierte ich ausschließlich mit ihr und Marc. Niemals wäre ich auf die Idee gekommen, mit einem anderen Produzenten zusammenzuarbeiten. Wenn wir in Europa oder in Israel arbeiteten, kamen die beiden aus den Vereinigten Staaten – mit dem stets gleichen technischen Equipment und ihren Mikrofonen. Alles passte in zwei kleine Koffer, und niemals zuvor und auch nicht danach habe ich so brillante Aufnahmen gehört wie die von Joanna und Marc geschaffenen.

Joanna, diese lebenslustige, intelligente, kettenrauchende und willensstarke Frau war so unglaublich talentiert! Sie verfügte über das absolute Gehör und hatte tausend Meter hohe Antennen. Bei allen meinen CD-Einspielungen bis einschließlich *Feidman plays Piazzolla* habe ich mit ihr zusammengearbeitet. Bei dieser letzten Produktion war Joanna leider schon sehr krank; sie hatte Lungenkrebs und ist kurz darauf verstorben. Noch immer fehlt sie mir mit all ihrer Tatkraft und Anleitung sehr.

Einige Zeit nach ihrem Tod versammelten sich einige der von ihr betreuten und sie alle verehrenden Künstler in New York und gaben ihr zu Ehren ein Konzert. Mit auf der Bühne stand Joannas Urne. Darauf aufgedruckt war ihr ewiger Satz, die Worte, die wir alle mit ihr verbinden: »Was geschrieben steht, ist auch gut!«

So war es sehr schwer für mich, nach Joannas Tod einen neuen Produzenten und Techniker zu finden. Niemand konnte gegen diese starke Konkurrenz bestehen!

Letztendlich vermittelte mir mein verehrter Kollege, der Organist Matthias Eisenberg, einen großartigen jungen Mann: Robert F. Schneider von den GLS-Studios in München. Robert war bei den ersten Aufnahmen noch sehr höflich, wenn ihm etwas nicht gefiel. »Die Artikulation ist nicht gut«, versuchte er mich einmal vorsichtig zu kritisieren, nachdem er die Aufnahme unterbrochen hatte. Ich antwortete, dass er es mir ehrlich sagen solle, wenn er mit meinem Spiel nicht zufrieden sei. Seine kritische Entgegnung ist inzwischen zum *running gag* geworden. Immer wenn einer von uns Kollegen unkonzentriert ist, sagt ein anderer: »Deine Artikulation ist nicht gut!« Mittlerweile arbeiten Robert und ich seit fast zehn Jahren zusammen, und wir beide sind sehr zufrieden miteinander.

Ich bin sehr dankbar, dass ich nicht nur mit phantastischen Künstlern zusammenarbeiten kann, sondern darin von einem großartigen Team unterstützt werde.

Ich muss mich nur auf die Bühne stellen und Klarinette spielen. Um alles andere kümmern sich die fabelhaften Menschen um mich herum.

Einen Manager wie Jochen Strieth an meiner Seite zu

wissen ist für mich die Voraussetzung meines Erfolges. Um ein guter Musiker zu sein, brauche ich sehr viel Energie. Ich kann mich nicht mit Organisations- und Vertragsfragen beschäftigen; dafür ist kein Platz in meinem Alltag. Mein großartiger Manager schirmt mich von allem Störenden ab, und dafür bin ich ihm unendlich dankbar.

Meine Frau Ora, die jahrzehntelang meine Managerin war, ist ihm dabei eine große Stütze. Bei ihr laufen nach wie vor alle Fäden zusammen. Sie ist, wie man so schön sagt, *the top of the umbrella*.

Ich bin nur Teil eines Teams, und nur wenn ein Rad ins andere greift, kann ich mit meiner Musik die Seelen der Menschen erreichen. In Deutschland veranstaltet die Konzertagentur *Bubu Concerts* in Person von Rolf Leukel und Stephan Frink seit mehr als zehn Jahren Konzerttourneen mit mir, deren Aufführungen hauptsächlich in Kirchen stattfinden. Über die berufliche Beziehung hinaus hat sich ein inniges und sehr freundschaftliches Verhältnis zwischen allen Beteiligten entwickelt. Stephan Frink organisiert und betreut in Zusammenarbeit mit Jutta Springer diese Konzertreisen und sorgt dafür, dass alles immer reibungslos funktioniert.

Seit Jahren arbeiten auch zwei Toningenieure, Reinhard Schwedes und Conny Vogel, fest mit mir zusammen. Beide sind wahre Engel … Einer von beiden begleitet mich immer, wenn in den Konzerten Tontechnik benötigt wird, und es hat bislang immer blendend funktioniert. Oft ist der Toningenieur auf meinen Konzertreisen gleichzeitig der Tourmanager, der sich vor Ort um alles kümmert und alles organisiert.

Wenn ich mit einem Streich-Quartett auftrete oder mit einem Kammerorchester, brauchen wir keinen Toningenieur.

In diesem Fall begleitet uns ein anderer Tourmanager, oder am Spielort wird jemand mit diesen Aufgaben betraut.

Es kümmert sich jedenfalls immer ein Verantwortlicher um den richtigen Aufbau auf der Bühne, damit wir Musiker im korrekten Abstand zueinander stehen und die Instrumente optimal miteinander klingen. Unser Hotelzimmer ist immer bezugsbereit, wenn wir eintreffen, und es wird dafür gesorgt, dass Getränke in der Garderobe bereitstehen und dieser Raum auch abschließbar ist. Der Tourmanager hat vielfältige Aufgaben. Dazu gehören auch jede Menge Kleinigkeiten, die für mich aber von großer Bedeutung sind. Zum Beispiel muss er dafür sorgen, dass die Stufen, die zur Bühne hinaufführen und auch alle Unebenheiten auf der Bühne selbst sowie die Wege zur Garderobe mit weißem Klebeband markiert sind, damit ich mit meinen schlechten Augen überall hinkomme.

Ja, es stimmt, was mein Vater schon immer sagte: »Du bist nichts ohne ein gutes Team!« Jedes einzelne Teammitglied erfüllt eine wichtige Aufgabe und macht uns als Gruppe stark. Deswegen würde ich auch niemals die Leistung eines von uns höher bewerten als die der anderen. Das haben einige Veranstalter versucht, und es ist tatsächlich vorgekommen, dass für mich ein Hotelzimmer in einem teuren Haus gebucht wurde und für meine Techniker Zimmer in einem Billighotel. Inzwischen haben aber alle kapiert, dass ich dieses Spiel nicht mitspiele.

Manchmal, wirklich sehr selten, denke ich: Hoffentlich werde ich niemals ernsthaft krank. Denn das ist das Problem eines Berufsmusikers: Er darf nicht ausfallen. Schon oft bin ich mit Fieber aufgetreten. Ich musste in meiner langen Laufbahn als Musiker erst ein einziges Konzert absagen. Das war kürzlich, als mir der Arzt aufgrund einer akuten Infektion eindringlich klargemacht hat, dass ich mich entweder sofort operieren lasse oder anderenfalls einen Kollaps riskiere. Zum Glück war ich nach ein paar Tagen wieder auf dem Damm. Mein Team, der Veranstalter und die Zuhörer erwarten zu Recht, dass ich alles unternehme, um auf der Bühne zu stehen.

Auf einer Tournee passieren oft merkwürdige, skurrile, berührende und manchmal einfach nur lustige Dinge.

Vor einigen Monaten wurde ich von einem Veranstalter gefragt, ob ich mir vorstellen könne, irgendwo hoch in den Alpen ein Konzert zu geben. Und ob ich Erfahrungen mit dem Musizieren in großen Höhen hätte. »Ja, das mache ich gerne – und die nötige Erfahrung bringe ich auch mit«, habe ich dem Mann geantwortet. Denn vor Jahren tourten wir durch Mexiko, und eines der Konzerte sollte in einem Provinznest auf etwa viertausend Meter Höhe stattfinden, in einem wunderbaren Patio einer alten Kirche.

Als wir in dem Dorf ankamen, hatten wir alle Probleme mit dem Atmen. Der Veranstalter riet uns daraufhin: »Trinkt ein oder zwei Tequila, dann geht es besser mit dem Atmen!« Er hatte recht … Nach dem Konzert kam dann ein etwa fünfzehnjähriges Mädchen auf mich zu. Als es vor mir stand, nestelte es an seiner Kette, die es um den Hals trug, und überreichte mir das daran hängende Kreuz. »Ich habe leider gar kein Geld, sonst hätte ich Ihnen ein richtiges Geschenk gemacht«, sagte sie. Ich bin immer noch gerührt, wenn ich an diese Situation denke.

Manchmal geht auch etwas schief – wie bei einem Gastspiel in Japan. Das Konzert in Tokio sollte um neunzehn Uhr beginnen, und als ich etwa eineinhalb Stunden vorher meinen Anzug auspackte, um mich umzuziehen, bemerkte ich einen Reißverschluss unten am Hosenbein. Merkwürdig, dachte ich, diese Hose kenne ich gar nicht … Es war auch nicht meine, sondern die meiner Frau. Natürlich blieb keine Zeit mehr, um ein neues passendes Beinkleid zu beschaffen. Also betrat ich die Bühne in meiner grauen Jeans. Von weitem sah ich wohl aus wie ein englischer Gentleman!

Ich glaube ohnehin, dass es das Publikum nicht vorrangig interessiert, wie wir Musiker angezogen sind. Meine Zuhörer erwarten spirituelle Nahrung. Und die schenke ich ihnen in Form meiner Musik – wir unterhalten uns, ich erzähle zwischendurch eine Geschichte, und wir singen gemeinsam.

Diesen Austausch mit dem Publikum, meiner Familie für diesen einen Abend, genieße ich sehr.

Ich stehe vor dem Konzert meist im Eingangsbereich der Kirche oder in der Lobby des Konzertgebäudes und begrüße mein Publikum. So wie ich zu Hause auch meine Gäste begrüße. Dieses Ritual kann ich allen Kollegen nur empfehlen. Auf diese Weise begegnen wir uns, das Publikum und der Künstler, auf Augenhöhe. Und so schaffen wir es, für diesen Abend eine Einheit zu werden.

Auch in der Pause und nach dem Konzert unterhalte ich mich gern mit den Menschen. Oft bekomme ich vom Veranstalter Blumen geschenkt. Die werfe ich voller Liebe ins Publikum und frage nach, wer den Strauß gefangen hat. Meldet sich der oder die Glückliche, sage ich voller Unschuld: »Nun darfst du ein Lied für uns singen!« Und dann lachen wir gemeinsam über den manchmal verzweifelten Gesichtsausdruck der betreffenden Person.

Natürlich muss bei mir niemand singen, wenn er das

nicht möchte. Aber es geht doch nichts über Humor; Humor trägt uns durchs Leben und macht vieles leichter.

Tournee, das heißt alle zwei Tage ein anderes Zimmer, ein anderes Bett, anderes Essen. Ich versuche mich von diesen äußeren Einflüssen so gut es geht abzuschirmen. Auf den Reisen zu den Spielorten versuche ich viel zu schlafen. Ansonsten arbeite ich, wenn ich unterwegs bin; ich besitze großartige Kopfhörer, die mir die Konzentration erleichtern. Im Flugzeug kann ich auch Partituren lesen. Das geht leider im Auto nicht, also schlafe ich dort zumeist.

Ich kann immer und überall schlafen – meine Kollegen leider nicht. Irgendwann wecken sie mich dann, und wir erzählen uns Witze! Ein Beispiel: Zwei Männer kommen zum Rabbi und fragen: »Ist Schwarz eine Farbe?« Nach ausführlicher Recherche antwortet er: »Ja, Schwarz ist eine Farbe.« Am nächsten Tag kommen die Männer zurück: »Ist Weiß eine Farbe?« Und wieder bemüht sich der Rabbi und findet letztendlich eine Antwort: »Ja, Weiß ist eine Farbe.« Daraufhin sagt der eine Mann zum anderen: »Siehst du, habe ich doch gleich gesagt: Der Apparat, den ich dir verkauft habe, ist ein Farbfernseher!«

Während der Fußball-Weltmeisterschaft im vergangenen Jahr waren wir in Italien unterwegs. Die Reise zum nächsten Auftritt war für den frühen Nachmittag angesetzt. Nach einem Blick in die Zeitung protestierte ich – »Auf keinen Fall werde ich morgen um vierzehn Uhr dieses Auto besteigen! Morgen Nachmittag spielt Argentinien gegen Deutschland! Das muss ich unbedingt sehen!« Wie sollte es bei einem gebürtigen Argentinier auch anders sein: Ich bin seit meiner frühesten Jugend Fußballfan und verpasse kein wichtiges Spiel. Der Fahrer freute sich über meinen Einwand – auch er wollte das Spiel sehen. Wir einigten uns schließlich darauf, schon morgens um neun loszufahren, so dass wir unser Ziel um die Mittagzeit erreichen würden. So geschah es auch. Wir kamen rechtzeitig an. Das Spiel war eine Sternstunde des Fußballs – zumindest für die Deutschen, die das Spiel vier zu null gewannen …

In jenem Sommer hatte ich ein sehr besonderes Konzerterlebnis. Wir spielten auf einer kleinen Bühne mitten in einem See. Die Zuhörer saßen am Ufer im Gras. Da Wasser sehr gut leitet, war die Akustik brillant. Die Menschen hörten uns konzentriert zu, und die Vögel begleiteten uns mit ihrem abendlichen Gesang. Der Höhepunkt dieses Konzerts war ungeplant und deshalb umso schöner: Gerade als ich meinem Publikum eine Geschichte erzählte, fing ein Baby zu weinen an. Das Menschlein, so hat man mir später erzählt, war sechs Wochen alt. Ich unterbrach meine Geschichte und forderte die Menschen auf, für den Säugling zu singen. So berührten sechshundert erwachsene Seelen die Seele eines Kindes – und das Kind wurde ruhig und schlief wieder ein.

Was bleibt

Can't stop us playing,
can't stop our heart!
Nothing but music,
that's our art!
Forget the time and sing along.
Music's now, join in our song.

Ora und ich haben zwei Häuser, in denen wir uns sehr wohl fühlen. Unser Landhaus in Massachusetts und ein wunderschönes, großes Haus im Moschaw Rinatia in der Nähe von Tel Aviv. Der Moschaw wurde 1949 von marokkanischen Einwanderern gegründet, heute leben hier etwa tausend Menschen. Ein Moschaw ist eine organisierte ländliche Siedlungsform, es gibt etwa vierhundert solche Dörfer in Israel.

Israel wirkt nach wie vor wie unglaublich quirlig und betriebsam auf mich. Unser Moschaw ist der beste Ort, um sich davon zurückzuziehen.

Die Straße, in der wir wohnen, ist eine Sackgasse und nur etwa zweihundert Meter lang. Hunde liegen mitten auf der Straße, um sich zu sonnen. Nicht einmal wenn ein Auto kommt, fällt es ihnen ein, aufzustehen. Der Fahrer soll eben aufpassen und um die Tiere herumfahren.

Eigentlich ist unser Zuhause ein wenig zu groß für uns beide, aber wir lieben es. Bei uns ist jeden Tag *Schabbat,* so ruhig ist es hier!

Das Haus wurde von einem Architekten gebaut – aber so, als wollten er und seine Familie dort einziehen. Auf diese Weise bewohnen wir ein Haus, in dem alles vom Feinsten ist. Zum Beispiel die Solaranlage auf unserem Dach; sie ist das Beste, was auf dem Markt zu bekommen ist.

Auch die Isolierung ist phantastisch. Selbst in den heißen Sommern bleibt es herrlich kühl. Doch das Beste an dem ohnehin großartigen Haus ist der Garten. So grün und üppig! Das Bewässern dieser Pracht ist manchmal allerdings ein Problem. Der Wasserverbrauch wird in unserer trockenen Gegend gewissenhaft kontrolliert und überwacht. Jedem Haushalt steht nur eine bestimmte Menge zu. Wie streng die Kontrollen sind, erfuhren wir vor einigen Jahren. Durch ein Leck auf dem Boden des Zierteichs versickerten etwa fünftausend Liter Wasser im Erdreich, ohne dass wir es bemerkten. Wir waren reichlich überrascht, als eines Tages ein Mitarbeiter der Moschaw-Verwaltung bei uns anrief und uns darauf hinwies, dass unser Teich undicht sein müsse, weil der Verbrauch so hoch sei, und dass offensichtlich Wasser im Erdreich versickere. Gut, dass die Verwaltung auf so etwas achtet, denn Israel ist, was das Wasser angeht, ein armes Land.

Unser Moschaw liegt gar nicht weit von Tel Aviv entfernt, doch die Atmosphäre bei uns auf dem Land ist eine völlig andere als dort. Es fühlt sich an, als wären wir Hunderte Kilometer weit weg vom Lärm der Großstadt. Der Bus zum nächsten Ort, Petach Tikwa, kommt nur einmal in der Stunde, und auch vom etwa fünfzehn Kilometer entfernten Flughafen hören wir glücklicherweise nichts.

Friedlicher könnte es tatsächlich nicht sein. Aber das ist genau das Richtige für mich – ich bin schließlich viele Monate im Jahr unterwegs und freue mich die ganze Zeit auf die Ruhe und den Frieden zu Hause. Diese Ruhe wird nur gelegentlich von den Kindern aus dem nahe gelegenen Kindergarten durchbrochen – wir empfinden das aber nicht als Störung; im Gegenteil: Wir freuen uns am Lachen und Herumtollen der Kinder. Wie gesagt: Wir leben wie im Paradies.

Das habe ich auch einmal in einem Interview des israelischen Fernsehens auf die Frage des Moderators, wo genau ich denn wohne, geantwortet. Leider hat ihm diese Angabe nicht gereicht, und so habe ich den Namen unseres Moschaws verraten. Seitdem bin ich der bekannteste Mensch im Ort!

Noch heute habe ich immer einen Kloß im Hals, wenn ich beim Anflug auf den *Ben Gurion International Airport* den Strand von Tel Aviv aus dem Flugzeugfenster sehe. Heim ins Gelobte Land! Auch nach mehr als fünfzig Jahren rührt mich dieses Panorama an. Und dann komme ich ins Haus und genieße den Garten und das üppige Grün um mich herum. Ein wunderbarer Ort! Wenn ich in diesem Garten sitze, denke ich oft an eine Begebenheit, die lange zurückliegt. Ora und ich hüteten für zwei Wochen die Wohnung von Freunden in New York, in der sehr viele Topfpflanzen standen, die regelmäßig gegossen werden mussten. Als unsere Freunde von ihrer Reise zurückkehrten, staunten sie nur: »Was habt ihr denn mit den Pflanzen gemacht? Die sind ja riesig geworden!« Tja, was habe ich wohl gemacht? Dem Grünzeug Klarinette vorgespielt! Was denn sonst?

Heute erfüllen drei Dinge mein Leben: erstens die Musik – darauf komme ich später noch einmal zurück. Zweitens mein Studium der Kabbala – davon habe ich schon berichtet. Und drittens bin ich mit ganzer Seele Opa. Ich habe das große Glück, mich um zehn Enkel kümmern zu dürfen – und das ist eine anspruchsvolle Aufgabe, denn ich möchte ihnen allen auf ihre Weise gerecht werden.

Ich liebe Kinder! Für mich gibt es fast nichts Schöneres, als mit kleinen Menschen zusammen zu sein. Wenn du ein Kind küsst, küsst du seine Seele. Kinder haben die Verbindung zu ihrer Seele noch nicht verloren. Sie sind rein und unverdorben, ihre Köpfe und Herzen sind noch nicht mit all den schrecklichen Dingen gefüllt, unter deren Last wir Erwachsene leiden. Das genieße ich sehr. Denn genau dort will ich wieder hinkommen, das ist mein tägliches Bestreben. Und diesem Ziel komme ich jedes Mal ein wenig näher, wenn ich mit einem meiner Enkel Zeit verbracht habe.

Allzu oft habe ich dieses Vergnügen nicht, denn ich bin nach wie vor einen großen Teil des Jahres unterwegs.

Aber eigentlich wollte ich ja von meinen wunderbaren Enkelkindern erzählen. Fangen wir also von vorn an: Meine Enkelkinder sind zehn tolle kleine und große Menschen, die mich *Saba* nennen, das ist der hebräische Ausdruck für »Opa«. Wenn sie etwas von mir wollen, nennen sie mich *Sabale,* das ist die Koseform von »Opa«. Also werde ich zumeist *Sabale* genannt …

Oft verweisen Zeitgenossen darauf, dass viele meiner Enkel ein Instrument spielen. Und dass diese Tatsache natürlich mit mir zu tun haben müsse. Ich habe keine Ahnung, ob sie recht haben – es spielt eigentlich auch keine Rolle.

Ich weiß nicht, was Genetik ist. Eine Suppe? Bei den Kindern meiner Tochter Orit ist vielleicht auch der andere Opa verantwortlich dafür, dass sie sich viel mit Kunst und Musik beschäftigen. Denn der inzwischen verstorbene Schwiegervater meiner Tochter Orit war der aus Bulgarien stammende Abraham Ofek, einer der bedeutendsten bildenden Künstler in Israel. In diesem Fall kann die These von der Vererbung besonderer Interessen und Fähigkeiten durchaus zutreffen. Avner, der Sohn von Ron, kann seine Musikalität nicht von mir geerbt haben, denn ich bin ja mit ihm nicht verwandt. Aber auch Ora stammt aus einer sehr

Ich genieße es über alle Maßen, wenn ich meiner Enkelin Hila beim Harfenspiel zuhören kann.

musikalischen Familie, die diese Begabung vielleicht weitergegeben hat.

Die beiden ältesten Töchter von Orit sind hochbegabte
Musikerinnen, die eine, Hagar, ist Sopranistin, die andere,
Hila, ist Harfenistin.

Hagar hat eine großartige Stimme und spielt dazu noch
hervorragend Klavier. Ihre Schwester Hila, die Harfenistin,
ist über alle Maßen talentiert. Ab und an stehen wir gemeinsam auf der Bühne, und wenn wir spielen, ist sie meine Kollegin – und nicht meine Enkeltochter. Anfangs fragte sie
mich nach jedem Auftritt: »Opa, war das gut?« Und ich
reagierte immer gleich: »Opa? Ach ja, ich bin ja eigentlich
der Großvater dieser wunderbaren Musikerin.« Diese Frage irritiert mich nach wie vor.

Ein Konzert mit Hila bleibt mir unvergesslich, weil es
mich tief berührt hat. Wir hatten bis spät in die Nacht in
Jerusalem gespielt, und am nächsten Morgen war ich schon
wieder am Flughafen in Tel Aviv, um nach Europa zu fliegen. Und als ich in der Check-in-Schlange stand und an den

vorangegangenen Abend dachte, musste ich plötzlich weinen wie selten in meinem Leben. Denn mir war klargeworden: Ich bin für Hila das, was mein Vater für mich und was sein Vater für ihn und mein Urgroßvater für meinen Großvater gewesen ist. Hila verkörpert die fünfte (meine Kinder haben »ausgesetzt«) Generation unserer Musikerfamilie, und diese Erkenntnis warf mich am Flughafen förmlich aus der Bahn und macht mich bis heute unsagbar glücklich.

Die vier Kinder von Orit, auch die beiden Kleinen, sind allesamt wunderbare Musiker.

Juval, der Bruder von Hagar und Hila, hat sich als »sein« Instrument das Schlagzeug ausgewählt. An den Tag seiner Geburt kann ich mich noch sehr gut erinnern, denn ich war auf dem Weg zu einer Probe und fürchterlich nervös, natürlich nicht wegen des bevorstehenden Konzerts, sondern wegen Juvals bevorstehender Geburt und weil ich seit Stunden keine Nachrichten erhalten hatte. Umso größer war die Freude, als mich Michal anrief und mir die gesunde Ankunft meines Enkelsohns verkündete, den ihre Schwester Orit kurz zuvor per Kaiserschnitt entbunden hatte. Und ein paar Jahre später hat sie ihre jüngste Tochter bekommen: Jael, die Kleinste mit ihren inzwischen elf Jahren. Sie spielt Klavier. Und ich kann es nur voller Stolz wiederholen: Diese Generation knüpft an die musikalische Tradition unserer Familie an.

Hila beispielsweise habe ich auf die Bühne »gestellt«, wie es damals mein Vater mit mir gemacht hat. Sie dient gegenwärtig in der israelischen Armee und tritt dort auch als Solistin auf; sie ist die einzige Harfenistin dort. Eine harte Übung für eine Musiker-Laufbahn.

Da ich nach wie vor einen sehr vollen Terminkalender mit vielen langfristigen Verpflichtungen habe, bitte ich meine Familie immer, so weit wie möglich im Voraus zu planen, damit ich alles unter einen Hut bekomme – die Familie und meine Musik. Dieses Jahr wird die *Bar Mizwa* meines Enkels Juval gefeiert – den genauen Tag wusste meine Tochter Orit schon sehr früh und informierte meinen Manager umgehend mit der dringenden Bitte, zwei Tage für das Fest freizuhalten. So weiß ich, dass ich auf jeden Fall daran teilnehmen kann – ohne solch eine frühzeitige Planung ginge es bestimmt nicht.

Sicherlich werde ich gebeten, auf diesem Fest Klarinette zu spielen, und das mache ich dann natürlich gern. So wie ich auch bei den Hochzeiten meiner Kinder gespielt habe. Nicht nur die wünschen sich auf unseren Festen Musik von mir, ebenso oft fragen Bekannte, Freunde, Verwandte und deren Kinder und Kindeskinder an – ich müsste mindestens einhundertvierzig Jahre alt werden, um alle diese Bitten erfüllen zu können.

Jedes Mal, wenn ich nach Israel fliege, bringe ich einen zusätzlichen großen Koffer mit Geschenken mit. Er ist meistens so schwer, dass ich ihn kaum tragen kann. Jedes Mal sage ich mir, das ist das letzte Mal, aber es geht schon seit Jahren so. Manchmal bekomme ich beim Check-in Probleme wegen des vielen Übergepäcks. Dabei steht mir ohnehin viel mehr zu, weil ich durch meine vielen Reisen bei allen Fluglinien, die ich nutze, ins Vielfliegerprogramm gerutscht bin. Dadurch habe ich ein paar Vorteile. Zum Beispiel darf ich mehr Gepäck mitnehmen als üblich. Es reicht trotzdem oft nicht aus.

Aber zurück zu meinen Enkelkindern: Michal, meine jüngere Tochter, hat drei Kinder. Der Ältesten haben sie den wunderschönen hebräischen Namen Shiri gegeben, was übersetzt »Singe!« bedeutet. Der Name scheint gut gewählt zu sein, sie hat eine herrliche Stimme und tritt in ihrer Schule bei Konzerten immer als Solo-Sängerin auf. Sie ist genauso alt wie Jael, ihre Cousine, die Tochter von Orit. Die beiden sind wie Schwestern. Shiris kleine Geschwister Gal und Maya sind sechs und drei Jahre alt. Gal, der Junge zwischen zwei Schwestern, ist ein kleines Schachgenie. Schon mit vier Jahren saß er am Computer und spielte mit unsichtbaren Gegnern irgendwo auf der Welt spannende Partien. Die süße Maya ist mein jüngstes Enkelkind.

Mein Sohn Ron ist ein fabelhafter Vater von drei Kindern. Itamar ist achtzehn Jahre alt und leistet gegenwärtig seinen Militärdienst in der israelischen Armee ab. Avital ist zwei Jahre jünger, und Avner, der Jüngste, steckt mit seinen dreizehn Jahren mitten in der Pubertät. Er nahm schon früh eine Klarinette in die Hand, legte sie aber immer wieder unzufrieden zur Seite. Er war einfach zu ungeduldig. Jahrelang hat er keine Musik mehr gemacht. Doch vor drei Jahren wurden seine Leistungen in der Schule immer schlechter, er zog sich mehr und mehr in sich zurück. Nichts Ungewöhnliches für einen Jungen in seinem Alter, doch trotzdem machte es uns Sorgen.

Irgendwann ergab es sich, dass wir einen erneuten Versuch unternahmen. Ich stellte ihm meinem Freund, dem Gitarristen Manny Katz, vor, der ihn für sein Instrument begeistern konnte und seitdem sein Lehrer ist. Avner hat sich völlig verwandelt und ist ein anderer Mensch geworden; auch seine Leistungen in der Schule sind besser geworden. Mir scheint, dass es ihm gelingt, sein Innerstes mit der Musik auszudrücken. Wenn wir uns bei Ron treffen, spielt er mir jedes Mal etwas vor. Ich freue mich immer sehr darüber. Mich würde es nicht überraschen, wenn er genau wie seine Cousine Hila, die Harfenistin, Musiker wird.

Wir werden sehen, welchen Weg sie alle gehen. Juval, der Schlagzeug spielt, ist ein unruhiger Geist. Das wird völlig anders, wenn er sich seiner Lieblingsbeschäftigung widmet: dem Spielen mit Lego-Bausätzen. Bin ich in Deutschland auf Konzerttour, mache ich deshalb immer einen Zwischenstopp in einem gutsortierten Spielzeuggeschäft und kaufe das komplizierteste Set, das angeboten wird. Sobald Juval, mein Enkel, sich damit beschäftigt, wird er ruhig. Über Stunden. Man hört ihn fast nicht atmen, er vergisst sogar seine Süßigkeiten. Bald haben wir aber alles durch, Lego muss sich schnell etwas Neues einfallen lassen! Ein Freund gab uns den Rat: »Er sollte Automechaniker werden, es ist doch immer von Vorteil, begabte Handwerker in der Familie zu haben.« Wie schön, wenn man kluge Freunde hat – herzlichen Dank!

Es ist wundervoll, diese zehn völlig unterschiedlichen Enkel in meinem Leben zu wissen. Und es ist herrlich, dass ich mit einigen von ihnen meine Leidenschaft für die Musik teilen kann. Besonders mit meiner ältesten Enkeltochter Hila. Ihre erste Harfe habe übrigens ich ihr gekauft. »Ich stelle aber eine Bedingung«, sagte ich. »Die nächste bezahlst du selbst, oder du lässt sie dir von deinem Mann schenken.« Aber raten Sie mal, wer dann tatsächlich die nächste Harfe bezahlt hat. Natürlich ich! Mir blieb gar keine andere Wahl, denn für die Auftritte in der Armee brauchte sie einfach ein robustes Instrument; eine Harfe stellt das Militär nämlich nicht zur Verfügung. Und ihre eigene Harfe ist zu kostbar, also mussten wir ein einfacheres Modell besorgen.

Hila ist es manchmal unangenehm, dass ihre Leidenschaft so kostspielig ist. Als sie mir nach einem Kurs in der Schweiz gestand, wie peinlich es ihr sei, dass ich das alles bezahle, antwortete ich: »Ich gebe dir kein Geld, ich teile es mit dir!« Seitdem geht es besser. Was soll ich machen? In Israel ist es schwer, Harfensaiten zu bekommen. Ist doch selbstverständlich, dass ich ihr das alles aus Europa mitbringe.

Stehe ich mit Hila auf der Bühne, sehe ich sie an und denke: Vor einer Woche warst du noch ein Baby! Was machst du hier auf der Bühne? Aber seltsamerweise ist dieses Gefühl wie weggeblasen, sobald wir zu musizieren beginnen. Dann ist sie meine Kollegin.

Das schönste Erlebnis in dieser Hinsicht haben wir Peter Breiner zu verdanken. Diesen slowakischen Pianisten, Dirigenten, Arrangeur und Komponisten lernte ich vor einigen Jahren bei einem Musikabend in Bratislava kennen. Er erzählte mir, wie sehr er mein Schaffen schätze, und fügte lakonisch hinzu, dass er gerade ein Konzert für mich schreibe. Ich habe ihm gesagt, schreib kein Konzert für einen Klarinettisten, schreib es für mich. Heraus kam ein fünfundvierzigminütiges *Symphoniekonzert für Giora*. Ein außerwöhnliches Konzert, ein maßgeschneidertes Stück, genau richtig, um auf meine Art Musik ausdrücken. Denn das Konzert ist wirklich eine Art musikalische Biographie. Da erklingen unter anderem Klezmer-Melodien und ein Tango aus meiner Heimat Argentinien, geschrieben für das höchste musikalische Niveau. Von Peter Breiner fühle ich mich durch und durch verstanden. Wir führten das Stück in Breiners Heimat Košice auf, haben gemeinsam in Jerusalem und Prag gespielt und werden es sicherlich auch bald als CD aufnehmen.

Nach diesem Erfolg komponierte Peter Breiner ein zweites Stück für mich – und für meine Enkeltochter Hila. Ein Konzert für Orchester, Harfe und Klarinette.

Wir haben es im vergangenen Jahr in Jerusalem uraufgeführt. Der Moment, als ich Hila auf die Bühne begleitete, war magisch. Die Menschen im Publikum waren sehr gerührt. Es habe ausgesehen, so wurde mir erzählt, als hätte ich meine Enkeltochter zur *Chuppa*, dem jüdischen Hochzeitsbaldachin, geführt. Das Konzert selbst war wundervoll. Hila ist nahezu angstfrei; sie hat eine großartige Bühnenpräsenz und kann sich auch vor einer großen Zuschauermenge frei entfalten. Sie sehen, um dieses Mädchen muss ich mich nicht sorgen.

Drei Jahre lang besuchte sie auf dem Gymnasium den Musikzweig – und drei Jahre lang wusste niemand, dass ich ihr Großvater bin. Das finde ich großartig, sie würde niemals versuchen, durch meinen Namen Vorteile zu bekommen. Hila ist stolz und unabhängig, und sie ist auf dem richtigen Weg. Sie spielt auch schon auf Hochzeiten und Geburtstagen.

Sie ist ein echter Klezmer!

Den besten Ratschlag für ihre Konzertauftritte bekam sie übrigens von meiner lieben Kollegin Nathalia Raithel, der Violinistin im *Gershwin Quartett*. Die verriet ihr nämlich, als sie in Deutschland auftrat, wo sie ein günstiges Bühnenoutfit bekommen könne, das von weitem wie eine Zehntausend-Euro-Garderobe aussieht. Vielen Dank, Nathalia, dadurch habe ich eine Menge Geld gespart.

Natürlich fehlt es Hila noch ein wenig an Erfahrung. Manchmal regt sie sich nach einem Konzert oder einer Aufnahme auf, weil sie einen Fehler gemacht hat. Ich versuche sie dann zu beruhigen. »Na, und?«, sage ich. »Wenn man mich für jeden Fehler bezahlen würde, wäre ich schon längst Millionär!« Meistens hilft das.

Neben meinen Enkeln – ich habe es bereits erwähnt – widme ich mich vor allem und immer noch der Musik, auch in Israel.

Dort spiele ich freitagvormittags oft in einem Altersheim, natürlich ohne Gage. Es ist oft nicht schön anzusehen, wie sehr diese Menschen unter den Gebrechlichkeiten des Alters leiden. Aber es ist immer schön anzusehen, wie sie mir folgen und durch die Musik ihre körperlichen Einschränkungen überwinden. Ich treffe mich mit ihnen dank der Musik auf einer geistigen Ebene, auf der die Mühen des Alltags vergessen sind.

In meinen Konzerten möchte ich die Grenzen zwischen Musikstilen, Religionen, Kulturen, aber auch zwischen dem Publikum und den Künstlern selbst überwinden, weil diese Grenzen für mich nicht existieren. Und genau diese Botschaft möchte ich als Lehrer vermitteln und weitergeben. So reifte in mir die Absicht, einen Workshop als internationales Festival der Klezmer-Musik einzurichten. Der Ort, um ein solches Projekt zu verwirklichen, war schnell gefunden. Welcher Platz wäre dafür besser geeignet als der historische Bergort Safed, der hoch über dem See Genezareth bereits seit dem 16. Jahrhundert die Heimat des jüdischen Mystizismus, der Kabbala, war und bis heute ein Ort der spirituellen Selbsterfahrung ist.

Der Workshop fand erstmals 2004 statt. Ich hatte die künstlerische Leitung übernommen und Lehrer wie Schüler verschiedenster Musikrichtungen und Instrumente aus allen Teilen der Welt eingeladen: Unter ihnen waren Raúl

Dieses Bild ist vor drei Jahren auf dem Klezmer-Festival in Safed entstanden und fängt die besondere Atmosphäre dieses Treffens ein.

Jaurena, einer der profiliertesten Bandoneon-Virtuosen weltweit, Helmut Eisel, der zu den führenden Klezmer-Musikern und besten Klarinettisten im deutschsprachigen Raum zählt, und Professor Ilan Schul, Dirigent des *Jerusalem String Orchestra* und Präsident der *Jerusalem Academy of Music and Dance.*

Sechzig Schülern kann mittlerweile die Unterbringung und Verpflegung vor Ort angeboten werden. Es sind Menschen zwischen etwa vierzehn und sechzig Jahren, vergangenes Jahr waren auch einige Soldaten dabei, einige Orthodoxe und sogar zwei sehr berühmte israelische Psychologen.

In Seminaren und Meisterkursen tauschen wir Erfahrungen und Wissen aus, vor allem aber musizieren wir.

Der Geist und die Inspiration dieses besonderen Ortes, die Offenheit unseres Unterrichts und die Kreativität aller Teilnehmer bringen einzigartige musikalische Erlebnisse und Ergebnisse hervor. Ich verstehe Klezmer nicht als Selbstzweck, sondern als Dienst an den Menschen, als Befriedigung des allgemeinen Bedürfnisses nach spiritueller Nahrung, und dieses Verständnis wurde von Beginn an umgesetzt – das, was wir den Tag über erarbeiten, stellen wir abends in öffentlichen Konzerten vor.

Der Workshop entwickelte sich auf diese Weise zu einem internationalen Festival. Die beiden ersten Workshops waren ein überwältigender Erfolg, und so haben wir das Festival 2006 um einen weiteren Baustein erweitert: Wir wollten die Ausdruckskraft der Musik aus dem Moment ihres Entstehens heraus für eine Aufnahme erhalten. Dieses ehrgeizige Anliegen setzte der ebenso einfühlsame wie erfahrene Aufnahmeleiter Robert F. Schneider um, mit dem ich schon mehrfach gearbeitet hatte.

In den ersten Jahren habe ich jeden Sommer eine Woche lang eine der Klassen unterrichtet. Später dann habe ich mich ausschließlich als künstlerischer Berater eingebracht. Der Unterricht beginnt jeden Vormittag um neun und geht bis zwölf. Die Schüler sind sehr anspruchsvoll und erwarten viel von ihrem Dozenten – und sie sind begeisterungsfähig, offen und bemerkenswert zugewandt. Zudem haben wir großartige und erstklassige Lehrer. Zu den bereits Genannten gehört auch Corrado Giuffredi, der erste Klarinettist der Mailänder Scala. Er lässt sich auf keine Musikrichtung festlegen und ist als Tangomusiker ebenso virtuos wie als Opernmusiker. Ein ebenfalls großartiger Lehrer ist Nicolae Pîrvu, ein moldawischer Panflötist und im Grunde seines Herzens ein Folklorist.

Am Freitagnachmittag vor dem *Schabbat* zieht das ganze Seminar zur Synagoge, und wir singen und spielen mit den Zuhörern.

Danach findet der traditionelle *Schabbat*-Abend statt, und viele der Schüler singen mehrstimmig die schönsten Lieder, ausgelassen und aus ganzem Herzen. Eines Abends sagte ich zu ihnen: »Wenn ich euch zuhöre, ist mir klar, dass ihr mich überhaupt nicht braucht! Ihr wisst doch schon alles, schnappt euch eure Instrumente und drückt mit ihnen das aus, was gerade so wunderschön und expressiv aus euch herausströmt.« Danach klang ihr Spiel wirklich anders; mit meinen Worten hatte ich offensichtlich etwas in Bewegung gebracht.

Jedes Jahr lasse ich alle anwesenden Musiker, die Lehrer wie die Schüler, im *Unisono* verschmelzen. *Unisono* bedeutet Einklang – alle Beteiligten eines Klangkörpers singen oder spielen dieselbe Melodie. Dabei entsteht Musik mit einer großen Klangentfaltung. Und für alle ist die Erfahrung, Teil einer Einheit zu sein, sehr heilsam.

Allabendlich, ich habe es bereits erwähnt, findet im Patio des Seminarhauses das Konzert statt, bei dem alle Schüler und Lehrer mitwirken. Dieses Konzert ist ein fester und wichtiger Bestandteil des Seminars, und es ist der Moment, in dem die Musiker die Erfahrung machen, die Musik mit dem Publikum zu teilen. Dafür kommen sie nach Safed. Fünfhundert Zuschauerplätze stehen zur Verfügung, und sie sind jeden Tag ausnahmslos besetzt. Die Eintrittskarten sind kostenlos und offensichtlich so begehrt, dass sie innerhalb kürzester Zeit vergriffen sind.

Der Höhepunkt des Seminars in Safed ist jedoch das Abschlusskonzert, das alljährlich auf dem Gelände der Shoah-Gedenkstätte Yad Vashem stattfindet – im Gedenken an die Musiker, die dem Terror des Nationalsozialismus nicht entkommen konnten. Einer der Schüler, ein Soldat, rührte uns alle, die Musiker und das Publikum, darunter zahlreiche Holocaust-Überlebende, zu Tränen. Er stand da in Uniform und mit der Kippa auf dem Kopf und spielte auf seiner Geige virtuos die Filmmusik aus *Schindlers Liste*. Es war ergreifend. Ich sah Itzhak Perlman, den weltberühmten israelischen Geiger, vor mir, der die Filmmusik eingespielt hatte.

Ganz sicher kurbelt unser Seminar auch den örtlichen Tourismus in Safed an. Darauf bin ich als künstlerischer Leiter wirklich stolz, auch wenn das nicht unsere ursprüngliche Intention war.

Das nach unserem Seminar stattfindende Klezmer-Festival habe ich übrigens auch gegründet, vor dreiundzwanzig Jahren. Die Leitung habe ich jedoch schon ein paar Jahre später wieder abgegeben; heute bin ich nicht mehr eingebunden, denn ich möchte Musik machen und nicht einen riesenhaften organisatorischen Aufwand betreiben müssen. Und das ist in diesem Fall notwendig. Täglich kommen Zehntausende Besucher zu den Klezmer-Konzerten. Bereits im ersten Jahr zählten wir vierzigtausend Menschen! Darauf waren wir überhaupt nicht vorbereitet, wir hatten mit ein paar tausend Zuhörern gerechnet.

Aus all den wunderbaren Musikern, die mich von Anfang an in Safed unterstützt haben, möchte ich einen herausheben: Helmut Eisel. Es erfüllt mich mit großem Stolz, zu sehen, wie sich aus meinem einstigen Schüler einer der besten Klezmorim im deutschsprachigen Raum entwickelt hat, der auch in Israel hohes Ansehen genießt. Was das mit dem Seminar zu tun hat? Irgendwann bat ich ihn, mein Assistent in Safed zu werden. Und für das erste Konzert in Yad Vashem bat ich ihn, diesen deutschen Ausnahmemusiker, eine Komposition zum Gedenken an jene Klezmorim zu schreiben, die im Holocaust ihr Leben lassen mussten. Dort, an dem bedeutendsten Ort der Erinnerung an die nationalsozialistische Judenvernichtung, wurde dann im August 2007 das Werk *Phönix*, geschrieben für zwei Klarinetten und ein Streichorchester, von mir und Helmut Eisel und begleitet vom *Jerusalem String Orchestra* unter der Leitung von Professor Ilan Schul, erstmals vor Überlebenden des Holocaust aufgeführt. Ein deutscher Klezmer als Komponist und Interpret zusammen mit jüdischen Musikern in Yad Vashem – ein einzigartiger Ausdruck des besonderen Verhältnisses zwischen Juden und Deutschen. Die Reaktionen des Publikums waren ergreifend, wir alle – Musiker wie Zuhörer – waren in Brüderlichkeit vereint, und es gab stehende Ovationen für den Komponisten.

Ich hatte das Privileg, uns allen diesen faszinierenden Moment im lebendigen Verhältnis zwischen Juden und Deutschen als Geschenk überbringen zu dürfen. Es ist für mich eine der tiefsten menschlichen Erfahrungen, an denen ich teilhaben durfte. Dafür danke ich meinem Freund und Kollegen Helmut Eisel.

Ausklang

Ich kann nicht aufhören zu singen.
In meinem Inneren singe ich den ganzen Tag.
Manchmal kann ich nach einem Konzert nicht
einschlafen, weil ich die Musik noch in mir trage.

Vor zehn Jahren, zu meinem fünfundsechzigsten Geburtstag, ist ein kleines Heft mit Erinnerungen und Glückwünschen wichtiger Weggefährten erschienen. Das hat mir sehr geschmeichelt, war ich doch auf der ersten Seite abgebildet – allerdings nicht als Fünfundsechzigjähriger, sondern als Enddreißiger!

Ich habe mich in diesem Heft auch zu Wort gemeldet und von meinem Gedanken anlässlich dieses Geburtstags erzählt:

> *Bei jedem Geburtstag weiß ich ein bisschen besser,*
> *was ich in meinem Leben falsch gemacht habe.*
> *Jetzt bin ich fünfundsechzig,*
> *und wenn mein Gott mich siebzig werden lässt,*
> *dann wird es auch wieder so sein.*
> *Ruhe und Stille, das ist es,*
> *was ich den Menschen geben will.*
> *Ich habe einen Baum gepflanzt*
> *und ernte nun die Früchte.*
> *Es war also die richtige Stelle,*
> *an der ich ihn gepflanzt habe.*
> *Ich sollte noch einen Baum pflanzen.*

Eigentlich hat sich nichts geändert in den vergangenen zehn Jahren; ich denke immer noch darüber nach, wo dieser zweite Baum Wurzeln schlagen soll. Die Klarinette lege ich unterdessen nicht aus der Hand …

Danke

Ich wurde schon mehrfach gebeten, mein Leben in einer Biographie nachzuzeichnen und die Erfahrungen meines langen Wirkens als Musiker darin festzuhalten. Doch immer gab es einen Grund, der mich davon abhielt.

Die Erkenntnis, dass alles im Leben zur richtigen Zeit geschieht, ist über alle Zweifel erhaben. Und so fühlte ich, dass nun dieser Zeitpunkt gekommen war, als mich im vergangenen Sommer erneut eine Anfrage erreichte. Dass das Erscheinen meiner Lebensbeschreibung nun mit meinem fünfundsiebzigsten Geburtstag zusammenfällt, hat die Sache leichter gemacht.

Nach vielen Monaten intensiver Arbeit darf ich feststellen, dass das Bücherschreiben einzigartige Erfahrungen ermöglicht. Ich musste in die entlegensten Winkel meiner Erinnerung vordringen. Das war nicht immer einfach und bisweilen auch schmerzhaft. Doch dieser Prozess hat bei mir zu einem tieferen Verständnis der Schöpfung geführt.

Ich danke …

… Minka Wolters für ihr unermüdliches Nachfragen beim Erinnern und ihre bewundernswerte Fähigkeit, all das Erinnerte in eine lesbare Form zu gießen;

… meinem Lektor Jürgen Bolz für die engagierte Unterstützung und die gewissenhafte Textredaktion;

… meinem Manager Jochen Strieth für seine stete Bereitschaft, immer dann mit Rat und Tat einzuspringen, wenn es galt, Lücken zu füllen, Gesprächskontakte zu vermitteln und schließlich gemeinsam mit mir die Schlussfassung des Manuskripts durchzusprechen;

... Gabriele Meloch, Jutta Springer, Stephan Barbarino und Jürgen Meier-Beer für ihre kritische Durchsicht des Manuskripts.

Ich bin in meinem Leben vielen außergewöhnlichen, hilfsbereiten, menschlichen, lieben, kollegialen, kreativen, verständnisvollen, mitreißenden Menschen begegnet. Sie alle leben in meiner Erinnerung fort, auch wenn ich sie hier nicht namentlich nenne – danke euch allen, dass ihr mich begleitet, erfreut, ermuntert, getröstet, unterstützt habt – oder einfach nur da wart!

Mein Dank geht auch an den Schöpfer, verbunden mit der Hoffnung, dass wir lernen, wieder in Frieden zu leben.

Rinatia/Israel
im Januar 2011
Giora Feidman

Anhang

Diskographie

Freylach; Israel, LP, vor 1978

Jewish Soul Music; Israel, LP, vor 1978

Nigunim of My People; Israel, LP, vor 1978

The Incredible Clarinet; LP, 1984 – als CD 1992

Viva el Klezmer; LP, 1984 – als CD 1991

Magic of the Klezmer; LP, 1986 – als CD 1990

The Singing Clarinet; LP, CD, 1987

Clarinetango; LP, CD, 1990

Gershwin & the Klezmer; LP, CD, 1991

The Dance of Joy; LP, CD, 1992

Klassik Klezmer; LP, CD, 1993

Concert for the Klezmer; LP, CD, 1993

Der Rattenfänger; CD, 1993

In Jerusalem – Feidman & the Jerusalem Symphony Orchestra; CD, 1994

The Soul Chai; CD, 1995

Klezmer Chamber Music – Feidman & das Leipziger Kammerorchester; CD, 1995

To You!; CD, 1996

Bloch–Olivero–Bat Chaim – Feidman & die Radio Philharmonie Hannover; CD, 1996

Silence and beyond – Feidman plays Ora Bat Chaim; CD, 1997

Der Golem – Feidman & Arditti String Quartett; CD, 1997

Schubert & Jiddische Lieder – Feidman & Katja Beer; CD, 1997

Lilith – 9 Gesänge der Dunklen Liebe; CD, 1997

Klezmer Celebration; CD, 1997

Feidman and the Israel Camerata; CD, 1998

And the Angels sing – Feidman & die Berliner Symphoniker; CD, 1999

Journey; CD, 1999

To Giora – Your Klezmer Friends; CD, 2000

Giora Feidman & die Berliner Symphoniker; CD, 2000

TangoKlezmer; CD, 2001

Feidman – Dancing in the Fields; CD, 2002

Feidman plays Piazzolla; CD, 2002

Love – Feidman plays Ora Bat Chaim; CD, 2003

Feidman plays Mozart & More; CD, 2003

Ewigkeit dringt in die Zeit – Iris Berben & Giora Feidman; CD, 2004

Safad – Feidman & the Safad Chamber Orchestra; CD, 2005

Giora Feidman – Wenn du singst, wie kannst du hassen; DVD, 2005

Live at St. Severin – Giora Feidman & Matthias Eisenberg; CD, 2005

Crossing borders – Giora Feidman & the Georgian String Orchestra; CD, 2006

KlezMundo; CD, 2006

The Spirit of Klezmer; CD, 2008

Klezmer & Strings – Giora Feidman & Gershwin String Quartett; CD, 2009

Deep Notes – The Best of Bassclarinet; CD, 2011

Verzeichnis der Textquellen

Deutscher Bundestag (www.bundestag.de): S. 221

Stephan Barbarino, Jan Linders: S. 11, 17, 45, 149, 175, 207, 253

Miryam Gümbel: Ein Sieg der Musik. In: Jüdisches Europa Heft 2/2005, S.5-6; hier: S. 196 f.

Marie Henriksen: S. 107

Edith Rabenstein: Das Reiseziel heißt Glück. In: Passauer Neue Presse vom 24.11.2005 ; hier: S. 197 f.

Manès Sperber: Die Wasserträger Gottes. München, dtv 1981, S. 18 f., hier: S. 21 f.

Privatarchiv Giora Feidman: S. 69, 137, 185, 205, 211, 225, 239, 273, 275

Verzeichnis der Bildquellen

Fotos im Text:

Felix Broede: S. 5
S. Eucild: S. 160
Privatarchiv Giora Feidman: S. 26, 31, 34, 36, 37, 42, 72, 80,
     81, 82, 84, 87, 88, 93, 97, 98, 101, 115, 118, 123, 130, 133, 155,
     158, 163, 169, 183, 189, 212, 213, 221, 259, 267
Rachel Hirsch, Ramat-Gan: S. 124
James J. Kriegsman: S. 170

Fotos im Bildteil:

Peter Eberbach, Rostock: S. 7
Privatarchiv Giora Feidman: S. 1, 2, 3, 4, 5
Toni Heigl: S. 6
Siegfried Martin: S. 8